超越项目管理

——大型国际项目管理知与行

蔡鸿贤　编著

机械工业出版社
CHINA MACHINE PRESS

本书超越传统的项目管理理念和模式，结合"一带一路"大型国际项目管理成功实践，从大型项目管理理念、管理文化、价值导向、治理机制、过程管控、利益相关方、风险预判、目标分析和激励引导等方面进行阐述与剖析，较好地阐释了如何建立适合大型国际项目管理的实践模式及方法，对于广大项目经理在 VUCA 时代突破固有思维定式、提升项目管理认知和实践能力具有重要的参考价值。本书适合项目管理一线的专业人士，包括公司管理层、项目总监、项目集经理、项目经理、PMO 人员等阅读。

图书在版编目（CIP）数据

超越项目管理：大型国际项目管理知与行 / 蔡鸿贤编著. -- 北京：机械工业出版社，2025.6. -- ISBN 978-7-111-78532-3

Ⅰ. F224.5

中国国家版本馆 CIP 数据核字第 202564VV28 号

机械工业出版社（北京市百万庄大街 22 号　邮政编码 100037）
策划编辑：张星明　　　　　责任编辑：张星明　陈　倩
责任校对：潘　蕊　李小宝　责任印制：单爱军
保定市中画美凯印刷有限公司印刷
2025 年 7 月第 1 版第 1 次印刷
170mm×242mm・15.75 印张・192 千字
标准书号：ISBN 978-7-111-78532-3
定价：59.00 元

电话服务　　　　　　　　　网络服务
客服电话：010-88361066　　机　工　官　网：www.cmpbook.com
　　　　　010-88379833　　机　工　官　博：weibo.com/cmp1952
　　　　　010-68326294　　金　书　网：www.golden-book.com
封底无防伪标均为盗版　　　机工教育服务网：www.cmpedu.com

前　言

　　这是一部关于国际特许经营权工程项目管理的实践著作。书中以国家电网巴西美丽山水电站±800kV特高压直流输电送出二期工程项目（以下简称"美丽山二期项目"）的全过程管理实践为典型案例，系统展示了国家电网在巴西水电站项目的战略价值目标推进与发展历程，以及历经十年在超越项目管理方面的实践总结。美丽山二期项目成功实现了将中国特高压直流输电技术"投资、建设、运营"和"技术、标准、装备"两个一体化全产业链、全价值链协同"走出去"的战略目标。该项目提前100天成功投运，正是以国际权威项目管理知识体系的"知"，指导超越项目管理的"行"，获得组织战略目标的"成"。"知""行""成"一体，"知"是"行"之始，"行"是"知"之成，"知""行"本一事，唯"成"乃真知。

　　美丽山二期项目是中国"一带一路"倡议的早期实践，也是国家电网特高压直流输电技术首次进军国际市场的项目，从识别商机、竞标、投资、建设到投运的每个阶段，均面临诸多风险和挑战。为了克服这些风险和挑战，项目管理团队在经典项目管理知识体系的基础上进行创新，并在局部领域实现了项目管理范畴的超越。正是通过这种敢于打破"先知后行"思维定式认知的创新管理方法，项目团队有效化解了项目面临的诸多风险和困难，最终确保项目成功实施，使国家电网进军海外市场战略得以实现。

随着全球经济一体化进程的不断推进，越来越多的中国企业走向国际市场。为将美丽山二期项目从"熟地"到"绿地"实践经历淬炼的超越项目管理方法转化为其他从事海外项目的企业或团队可借鉴的经验，经系统提炼，总结出国际特许经营权工程项目的十大超越管理维度。这十大超越中，以战略贡献超越为起点，以生命周期超越为主线，以项目组织和治理结构超越、项目思维超越、多元文化超越、竞标策略超越、财务管控超越、知识领域超越、工具方法超越为支撑，以价值交付超越为终点。

本书主体内容分为 11 章，其中第 1 章总体介绍超越项目管理的模型，第 2 章至第 11 章分别介绍项目管理的十大超越领域，每个领域分别从"知""行""成"三个角度（理论、实践和成效）进行阐述。后记总结超越精髓，展望应用前景。

本书具有鲜明的国企特许经营权投资方项目管理特色，其经验源于美丽山二期项目实践的认知与行动碰撞的火花。鉴于不同国家和地区的政策、政治、社会、文化、法律、监管等存在较大的差异，相关经验总结难免存在特殊性和局限性。真诚希望读者提出宝贵意见，分享不同经验，共同提升国际特许经营权工程项目管理的认知水平和实践能力。

成功的国际特许经营权工程项目超越管理"知"与"行"能力，已成为国家电网在海外项目投资、建设和运营的"根能力"，并成为其海外业务竞争的法宝之一。本书承载着国家电网巴西控股公司（以下简称"巴控公司"）的项目管理思想，力求成为"外求以理，内化以心"的行动指引，既是对内传承的载体，又是对外传播的国际特许经营权工程项目管理方法的火种。

项目管理的进阶永无止境，正如《传习录》所言："真知即所以为行，不行不足谓之知。"期待更多同仁共同跨越认知和行动的鸿沟，持续探索与实践国际特许经营权工程项目管理，为提升项目价值不断前行。

感谢陈和兰、张星明对本书的认真审核及提出的合理化建议，特别感谢美丽山二期项目团队的梁平、肖斌、安塞尔莫·莱亚尔（Anselmo Leal）等成员的参与、支持和帮助。

蔡鸿贤
2025 年 3 月

目　　录

前言

第1章　超越项目管理综述 / 1

1.1　项目背景 / 1

　　1.1.1　项目环境 / 1

　　1.1.2　公司发展历程 / 2

　　1.1.3　特许经营权 / 9

　　1.1.4　美丽山二期项目 / 14

1.2　超越项目管理模型 / 18

第2章　项目战略超越 / 22

2.1　项目战略综述 / 22

　　2.1.1　战略层级 / 22

　　2.1.2　战略落地 / 23

2.2　项目战略超越实践 / 26

　　2.2.1　保持战略一致性 / 27

　　2.2.2　迭代实现战略目标 / 29

2.2.3　前置风险战略管控 / 31

　　　2.2.4　培养项目战略人才 / 35

　2.3　项目战略超越小结 / 40

第 3 章　竞标策略超越 / 43

　3.1　竞标策略综述 / 43

　3.2　竞标策略超越实践 / 45

　　　3.2.1　方案编制和标准制定 / 45

　　　3.2.2　与第三方签订预合同 / 47

　　　3.2.3　财务模型 / 51

　　　3.2.4　竞标报价策略 / 61

　　　3.2.5　竞标组织与职责 / 63

　3.3　竞标策略超越小结 / 66

第 4 章　组织与治理超越 / 68

　4.1　项目组织与治理综述 / 68

　　　4.1.1　项目组织结构类型 / 68

　　　4.1.2　项目治理综述 / 72

　4.2　组织与治理超越实践 / 74

　　　4.2.1　项目组织超越实践 / 75

　　　4.2.2　项目治理超越实践 / 79

　4.3　组织与治理超越小结 / 84

第 5 章　项目思维超越 / 86

5.1　项目思维综述 / 86

5.2　项目思维超越实践 / 88

　　5.2.1　韧性思维 / 88

　　5.2.2　社会责任思维 / 91

　　5.2.3　可持续发展思维 / 94

5.3　项目思维超越小结 / 96

第 6 章　多元文化超越 / 98

6.1　多元文化综述 / 98

　　6.1.1　多元文化概念 / 98

　　6.1.2　多元文化内容 / 99

　　6.1.3　多元文化特点 / 100

　　6.1.4　多元文化管理策略 / 101

6.2　多元文化超越实践 / 103

　　6.2.1　多元文化建设 / 103

　　6.2.2　多元文化融合 / 105

6.3　多元文化超越小结 / 107

第 7 章　生命周期超越 / 109

7.1　项目生命周期综述 / 109

　　7.1.1　国际特许经营权项目生命周期 / 109

　　7.1.2　国内外输变电工程建设项目生命周期比较 / 111

7.2 项目生命周期超越实践 / 114

    7.2.1 项目前期管理 / 114

    7.2.2 项目运维管理 / 116

7.3 生命周期管理超越小结 / 120

第8章 知识领域超越 / 122

8.1 项目管理知识领域综述 / 122

8.2 知识领域管理超越实践 / 124

    8.2.1 环保管理 / 124

    8.2.2 征地管理 / 139

    8.2.3 合规性管理 / 160

8.3 知识领域超越小结 / 163

第9章 工具方法超越 / 165

9.1 项目管理工具和方法综述 / 165

9.2 工具方法超越实践 / 167

    9.2.1 管理分解结构工具 / 167

    9.2.2 财务分解结构工具 / 169

    9.2.3 利益相关方分解结构工具 / 172

    9.2.4 联席会议方法 / 176

    9.2.5 价值共享激励方法 / 179

9.3 工具方法超越小结 / 181

第 10 章　财务管控超越 / 184

10.1　财务管控综述 / 184

10.2　财务管控超越实践 / 187

  10.2.1　汇率管理 / 187

  10.2.2　融资管理 / 191

  10.2.3　价格波动管理 / 207

10.3　财务管控超越小结 / 210

第 11 章　价值交付超越 / 212

11.1　价值交付综述 / 212

11.2　价值交付超越实践 / 216

  11.2.1　战略价值 / 216

  11.2.2　社会价值 / 219

  11.2.3　项目价值 / 220

  11.2.4　利益相关方价值 / 221

  11.2.5　标准与规则价值 / 225

11.3　价值交付超越小结 / 228

后记 / 230

参考文献 / 242

第1章　超越项目管理综述

1.1　项目背景

1.1.1　项目环境

20世纪末至21世纪初，随着巴西经济规模的扩大，电力供给不足问题日益突显，严重影响了该国经济社会发展。为此，巴西政府规划在亚马孙河流域及其支流马德拉河、特里斯皮尔斯河、辛古河流域建设包括美丽山水电站在内的多个大型水电站，以满足全社会不断增长的电力需求。

由于区域经济发展不平衡、能源资源与电力负荷呈逆向分布，巴西的电网发展并不均衡。巴西南部和东南部（含中西部）负荷中心已形成较为完善的500kV主干网架，北部和东北部地区负荷发展则相对落后，500kV主干网架较为薄弱。而巴西国家互联电网各大区电网间主要通过一~三回500kV线路联网，联系较为薄弱，电网安全稳定运行水平有待提高。近十年巴西电网的主要规划建设重点是满足北部大量水电开发外送需求，因此，亟须建设大容量、跨区域、低损耗的远距离输电工程，将北部亚马孙地区的清洁水电大规模送到南部和东南部的电力负荷中心，实现更大范围的电力资源优化配置，加强互联电网主干网架建设，提高电网安全可靠输电能力。

1.1.2 公司发展历程

1. 成立海外公司

为开拓巴西市场并建立合规运营机制，国家电网首先在香港注册了国家电网国际发展有限公司（SGID，以下简称"国网国际公司"），然后通过该公司在英属维尔京群岛分别成立了IGHL和TVGIL两家离岸公司，最后由这两家离岸公司共同出资在巴西成立巴控公司（简称SGBH）。

巴控公司作为投资平台，设立业务发展部门、运维部门、共享服务中心等相关部门。根据特许经营权合同要求，由巴控公司注资成立相应的项目公司，各项目公司的投资决策、工程管理、运维管理均由巴控公司负责统筹安排。

巴控公司通过精心设计股权结构和治理机制，既有效地规避了国际工程项目中的税负风险，又符合巴西《国外投资法》《公司法》等法规要求，以及特许经营权合同中关于必须成立项目公司的条款规定。

巴控公司组织关系如图1-1所示。

2. 市场拓展

（1）第一阶段：初步进入，夯实基础。

首先，熟悉环境，进入市场。国家电网通过并购进入海外市场，熟悉环境。国家电网海外投资运营国际化发展战略始于2006年，以2008年成功并购菲律宾国家电网为标志。通过并购进入新市场并拓展投资业务，是

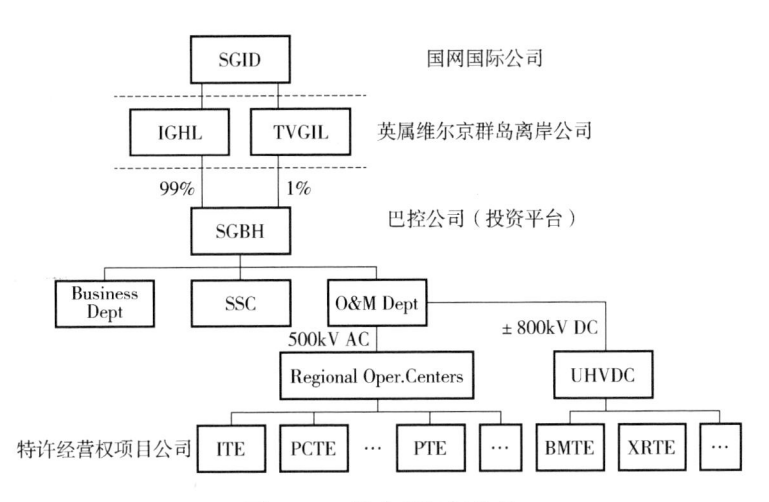

图 1-1 巴控公司组织关系

国家电网实现国际化战略的主要途径。2010年初国家电网开拓南美巴西电力投资市场时，以并购西班牙公司持有的7家特许经营权项目公司为目标，于当年5月在巴西注册成立巴控公司。巴控公司通过并购现有特许经营权项目公司直接参与运营管理，加快了国家电网对当地市场环境、法律监管要求，以及对巴西当地政府、业主单位、供应商、承包商、金融投资方等相关利益方的全面了解，实现快速市场渗透、环境适应。该模式在控制投资风险及预期回报的同时，通过引入国家电网输变电核心业务的管理理念，进一步提升海外经营管理水平，提升预期投资收益，并为后续业务拓展和战略价值目标实现奠定基础。

2010年12月15日，巴控公司在巴西正式完成了7家特许经营权项目公司的并购和资产交割。中方20人团队接管当地262人运维团队（其中里约54人），输变电资产包括6座500kV变电站、2座开关站、16条总长3173km的500kV输电线路、1条长度3km的230kV输电线路。总资产超32亿雷亚尔（1雷亚尔≈1.26元人民币）。

其次，培养团队，建立制度。国家电网积极培养国际化团队，融合本地化管理，建立规范化制度。为确保海外并购项目接管顺利、队伍稳定、管理规范，巴控公司聘请罗兰贝格专业咨询团队开展并购接管和管理提升咨询，策划并制定并购接管"百日行动"方案（百日完成团队融合），同时推进整合工作和管理本地化，完善管理制度，实现协同效应和价值创造。同时，健全公司组织架构与岗位职责，完善"三重一大"决策管理流程体系及重要的基础规章制度，通过与当地管理的成功融合，实现了中巴员工一体化运作，建立了市场化和本地化的经营管理思路。

再次，统筹运营，奠定基础。国家电网统筹规划运营，集中资产管控，奠定业务基础。巴控公司在里约建立了集控中心，统一管理三个区域中心的输变电资产，实现输变电资产集中管控，统一调度、统一运维、统一规范，为在巴西拓展业务奠定了基础。

最后，践行举措，多元融合。实施"百日行动"方案和"3i"[Identification（价值认同）、Integration（文化融合）、Innovation（管理创新）]工程，实现跨文化团队融合。并购之后，为实现中方团队和原被并购项目团队的文化、价值观、管理、工作习惯等方面的快速融合，实施"百日行动"方案，并启动"3i"工程，对多元文化团队的冲突和问题进行识别和分析，对问题进行整合分类，提出创新性解决方案，以此融合多元化团队，规范团队行为和公司管理制度，提升国家电网品牌形象。

通过建立员工绩效薪酬体系，开展监管规定、法律法规、运行规程、环保规定、劳工制度、税务、语言文化等培训，推动中巴技术和管理的互动交流研讨，举办中巴两国重大节日庆典，组织员工赴华学习交流，有效融合中巴文化，建立和谐企业文化，促进公司长远发展。2012年度和2014年度，巴控公司两次获评"巴西电力行业最佳企业"，得到当地同行的认可与尊重。

（2）第二阶段：强强联合，中标美丽山一期项目。

首先，联合投标，熟悉"绿地"项目条件。"熟地"项目指对已有基础设备或设施依照所在国和地区的法律进行并购，取得在运资产运营管理权及收益权的投资，包括对原有设施的扩建、改造或升级的项目。与"绿地"项目相比，"熟地"项目具有回报低、周期短、风险低的特点。

"绿地"项目通常指从零开始投资新建的基础设施项目。这些项目从无到有，需要进行全面的前期策划、设计、筹资和建设。参与此类项目投资，企业需要全面了解特许经营权项目的竞标流程，包括资格预审、技术方案提交、财务方案提交、商务谈判等环节。竞标过程中，企业需展示自身强大的技术实力、丰富的项目管理经验及良好的财务状况，以确保在激烈的竞争中脱颖而出。国际特许经营权"绿地"项目具有回报高、投入高、风险高、周期长的特点。

巴控公司在第一阶段通过并购获得了特许经营权项目的运营权和收益权，熟悉了当地市场环境和法律监管要求，但对于"绿地"项目的投标条件、竞标规则及风险应对还处于探索阶段。因此，巴控公司选择与当地公司联合投标以熟悉并实践前期准备工作。

2012年3月，巴控公司（股比51%）与巴西南部的巴拉纳州属的Copel公司（股比49%）联合中标巴西中部特里斯皮尔斯河梯级水电站500kV交流送出一期工程的两个大型特许经营权项目，其中A标段包含500kV同塔双回输电线路1008km、新建开关站3座、扩建变电站1座；B标段包含500kV单回线路239km和同塔双回线路345km、新建开关站1座、扩建变电站2座。

2012年12月，巴控公司联合Furnas公司（股比24.5%）、Copel公司

（股比24.5%）中标巴西中部与东南部电网连接线工程，包含500kV输电线路967km，由此奠定其在巴西"绿地"输电项目竞标中的市场地位，打开了与巴西电力市场相关方及服务提供方广泛沟通对话的局面，全面掌握了当地设备/材料的制造水平、EPC承包商的资信及施工能力，积累了"绿地"项目投标经验，具体如下：

1）需要成立特许经营权项目公司，确定联营公司的股权结构及组织治理架构，明确高管人员重要职责及委派方式。例如，中方指派总裁（CEO）、首席财务官（CFO），合作方指派首席技术官（CTO）、首席环保官（CMO）。

2）确立特许经营权投标之前，应与主要EPC承包商和设备/材料供应商及环保征地服务商等建立预合同机制，以全生命周期应对特许经营权项目风险。

3）项目公司直接负责采购输变电工程主材。由于主材的采购受国际大宗商品期价波动及当地厂家的财务能力等风险影响，确定由项目公司直接负责。主材包括输电线路的铁塔、导线等。

4）因地制宜，采用灵活的合同类型。工期一年以上的合同应采用经济价格调整定价模式，不宜采用固定价合同。

5）分部分项，同步实施。工程前期的施工组织设计、工程勘测设计等须与环评、征地等工作同步开展，密切配合，确保环评一次通过。

6）市场化运作，一体化管理。项目公司应按当地市场化用人机制、遵循股东协议及项目公司章程管理运作，明确职责分工，同工同酬，一视同仁，开展文化融合及一体化管理。

7）遵循属地工程承包模式及惯例，本地化设计和服务采购。由于设计标准、规范的不同及理念的差异，如果按照国内的设计规范和标准设计，输电线路的工程预算要超出当地询价总造价的30%以上。此外，巴西进口本地可提供的设备/材料的关税较高，常规设备境外采购造价高。因此，本地化的工程实施方案更具价格竞争优势。

8）项目融资，确保中标后前期各项工程的推进（预注资）。新项目公司成立前期需要通过股东方的预注资提供运营费用。同时，要规划和落实融资渠道、融资方式、融资金额，以确保中标后的项目融资来源。

9）正式合同签约前的资信重审。在项目竞标前，与 EPC 总包方、关键设备和主要材料供应商签订预合同时，对资信仅做初审。在正式签订合同前，需对供应商的财务、生产、经营、信誉、产能、设备状况、交货记录、历史质量记录、法律诉讼等资信情况开展重新审查，必要时进行现场审查。

其次，下好标前"先手棋"，成功中标美丽山一期项目。巴控公司主动参与巴西能源研究中心（EPE）组织的"美丽山水电站特高压直流输电送出工程的技术经济等可研报告"编制，以及送受端电网的系统安全稳定分析等工程前期工作，下好竞标前的"先手棋"，熟悉工程的技术条件及工程线路沿途的社会自然环境，为后续竞标方案确立奠定基础。

美丽山一期项目是巴西国家级重点工程。巴控公司联合巴西国家电力公司（协调人）旗下的北方电力公司和 Furnas 公司参与竞标并成功中标。

通过联合投标方式进行美丽山一期项目的投标，既符合国家电网的海外战略定位，又能有效应对在工程实施过程中工程环评、征地及相关许可审批等方面的风险。通过合作，还能进一步探索优化海外特大型工程项目管理模式，积累经验。实践证明，美丽山一期项目实施过程中形成的"组织资产"为美丽山二期项目实施提供了"知""行""成"的重要实践、借鉴和财富。

美丽山一期项目概况。2014年2月，巴西电力监管局（Agencia Nacional de Energia Bletrica，ANEEL）启动了美丽山一期项目的特许经营权招标，巴控公司和Furnas公司、北方电力公司组成的联营体共同竞得了该项目特许经营权合同，三方股比为51%∶24.5%∶24.5%。中标该项目后，按照巴西电力行业监管规定，三方于2014年4月15日注册成立美丽山一期项目公司，全权负责项目的投资、建设和运营，并于2014年6月16日签署特许经营权协议（生效日期为2014年4月12日），特许经营权经营期限30年。

美丽山一期项目线路总长2076km，起于帕拉州，经托坎廷斯州、戈亚斯州，止于米纳斯州南部，横跨巴西4个州、66个城市。新建400万kW的±800kV欣古换流站（美丽山一期项目）、385万kW伊斯特雷托换流站，配套建设两端接地极及线路。美丽山一期项目于2017年12月12日投运，较特许经营权协议规定的时间提前两个月完成，有效承担了美丽山水电站已投运机组的电力送出任务。

（3）第三阶段：审时度势，独立中标美丽山二期项目。

2014年，巴西发生政治波动，直接影响了美丽山二期项目的特许经营权招标进度，具体表现为两个方面：一是时局动荡，投标风险加大；二是合理工期难以确定。如巴西电力监管局按常规60个月施工工期确定美丽山二期项目投运日期，就不能满足水电站计划2019年底汛期前机组全部发电送出要求，将面临发电投资方的巨额发电收益索赔。为规避投资方索赔，巴西电力监管局最终确定美丽山二期项目施工期为50个月，这给美丽山二期项目竞标方带来巨大的风险和工期压力。作为补偿，招标文件明确规定特许经营权项目公司若能提前12个月内投入商业运行均可获得收益，提前获取投资回报。

为确保 2019 年底美丽山水电站全部机组投运，必须在此之前完成美丽山二期项目的工程建设，并与美丽山一期项目协同完成水电输送任务。

2015 年 7 月 17 日，巴西电力监管局对美丽山二期项目特许经营权公开招标，巴控公司按本地化方案递交了精准的报价并成功中标。按规定，巴控公司注册成立美丽山二期项目特许经营权公司（XRTE，以下简称"项目公司"）。

1.1.3 特许经营权

特许经营权模式广泛应用于基础设施项目投资建设和运营管理中。该模式指政府部门就某个基础设施项目与项目公司签订特许经营权协议，授予其承担该项目的投资、融资、建设、运营和维护责任。在协议规定的特许经营期限内，许可其融资建设和经营特定的公共基础设施，并通过向用户收取费用或出售产品或约定每年固定回报，以清偿贷款、回收投资并获取利润。政府对特许经营权项目的投资建设和运营维护具有监督权、调控权。特许经营期满后项目公司依协议将该基础设施移交给政府部门。

国内外特许经营权项目的管理各有特点。

1. 国内特许经营权项目特点

国内特许经营权项目特点主要体现在政府主导与特许经营、融资方式多样、技术标准高、建设周期长、市场化运营、服务质量要求严、风险管理难度高、无偿移交、持续监管和项目评价等方面。这些特点共同构成了国内特许经营权项目的独特性和复杂性，在建设、运营和交付三个阶段表现尤为显著。

（1）建设阶段特点。

1）政府主导与特许经营。特许经营权项目通常由政府发起并主导，通过特许经营权协议将项目的建设、运营权授予私营企业或机构。这能够确保项目符合国家战略和公共利益。

2）融资方式多样。由于特许经营权项目需要投入大规模的资金，通常会采用多种融资方式，如银行贷款、股权融资、债券发行等，以满足项目资金需求。

3）技术标准高。特许经营权项目涉及的基础设施通常对技术要求较高，需遵循相关的技术标准和质量要求，以确保项目的质量和安全。

4）建设周期长。由于特许经营权项目涉及的基础设施规模较大，建设周期通常较长，需具备强大的项目管理能力和资源调配能力。

（2）运营阶段特点。

1）市场化运营。特许经营权项目在运营阶段采用市场化运营模式，根据市场需求和竞争状况制定运营策略，提高项目的运营效率和盈利能力。

2）服务质控。特许经营权项目涉及的基础设施通常与公众利益密切相关，需注重服务质量的提升，确保公众利益得到保障。

3）风险管理。特许经营权项目在运营过程中面临多种风险，如市场风险、技术风险、政策风险等，需建立完善的风险管理体系，以有效应对这些风险。

（3）交付阶段特点。

1）无偿移交。特许经营权项目在特许经营期结束后，需要将项目无偿移交给政府。这要求在移交前做好项目的清算和资产移交工作，确保项目顺利移交。

2）持续监管。在特许经营权项目的整个生命周期内，政府会对项目进行持续监管，确保项目符合相关法规和政策要求，保障公众利益。

3）项目评价。在特许经营权项目移交前，政府会对项目进行综合评价，评估项目的社会效益和经济效益，以及履约情况等。这有助于政府了解项目的实际运行情况，为未来的项目提供参考和借鉴。

（4）项目管理"七化趋势"。

国内特许经营权项目管理"七化趋势"包括多样化、定制化、敏捷化、迭代化、运营化、复杂化和融资化，如图1-2所示。

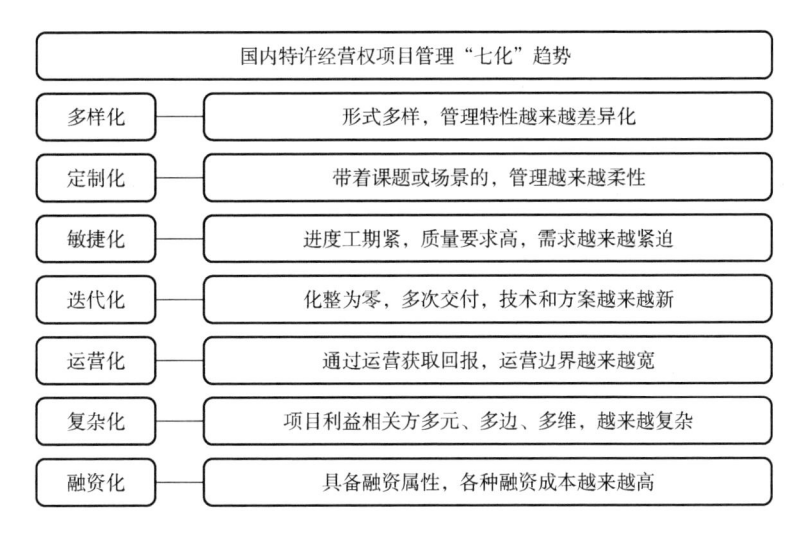

国内特许经营权项目管理"七化"趋势	
多样化	形式多样，管理特性越来越差异化
定制化	带着课题或场景的，管理越来越柔性
敏捷化	进度工期紧，质量要求高，需求越来越紧迫
迭代化	化整为零，多次交付，技术和方案越来越新
运营化	通过运营获取回报，运营边界越来越宽
复杂化	项目利益相关方多元、多边、多维，越来越复杂
融资化	具备融资属性，各种融资成本越来越高

图1-2 国内特许经营权项目管理"七化趋势"

2. 国外特许经营权项目特点与管理挑战

（1）项目特点。国外特许经营权项目管理在知识、经验、方法、监管要求等方面与国内存在诸多差异，准确识别项目特点是选择合适项目管理模式的基础。国外特许经营权项目特点如下：

1）知识与经验。国外特许经营权项目往往涉及跨国、跨地区合作，因此需组建具有跨文化背景的国际化团队。团队成员应具备丰富的国际项目经验和专业知识。执行标准方面需同时遵循国际通用规范和项目所在地的工程建设标准和规范，要求项目团队具备深厚的专业知识，并能够适应不同国家和地区的法律、标准体系、监管规则、文化和社会经济环境。

2）成熟的项目管理体系。国外特许经营权项目通常采用成熟的项目管理体系如项目管理知识体系指南（PMBOK®指南），以确保项目的顺利进行和高质量完成。这些体系提供了标准化的项目管理流程和方法，有助于提高项目的成功率和效率。

3）政治、经济、社会风险。国外特许经营权项目在风险管理方面最大的挑战源于政治、经济和社会环境的潜在风险，项目团队需对当地政治、经济、社会生态有切身体验，并积累丰富的经验，建立完善的风险识别-评估-监控-应对机制。项目团队能够及时发现潜在风险，并采取有效的应对措施，确保项目的稳定性和可持续性。

4）文化融合与沟通。在国外特许经营权项目中，文化融合和沟通至关重要。项目团队需了解并尊重不同国家和地区的文化习惯与价值观，建立良好的沟通机制。此外，必须引用成熟的国际项目管理体系，做到项目管理全价值理念认同，以确保项目信息的畅通和高效决策，为项目成功奠定坚实基础。

5）法律和政策环境。不同国家和地区具有不同的法律体系和政策环境，项目团队需具备国际法律和政策知识，以确保项目在遵守当地法律和政策规定的前提下进行。

6）技术创新与应用。随着科技的不断发展，技术创新在项目管理中发挥着越来越重要的作用。国外特许经营权项目注重引入新技术和新方法，提高智能化和自动化水平，以降低项目的成本、提高项目的效率和质量。

7）资金筹措与资本运作。国外特许经营权项目通常涉及大规模的资金筹措和资本运作，项目团队需具备丰富的金融知识和经验，以确保项目的资金需求得到有效保障，资本运作稳定。

8）环保与可持续发展。随着全球对环保和可持续发展的重视程度日益提高，国外特许经营权项目也将其作为核心管理要素。项目团队需在项目可研、规划、设计、建设和运营过程中充分考虑环保因素，确保项目的可持续发展。

（2）管理挑战。国外特许经营权项目管理面临十大挑战，涉及宏观（社会）、中观（行业）、微观（企业）三个层面，包括地缘政治挑战、技术创新挑战、征地制度挑战、开放市场挑战、质量标准挑战、劳资关系挑战、治理结构挑战、运营规则挑战、交付方式挑战和协同作战挑战，如图1-3所示。

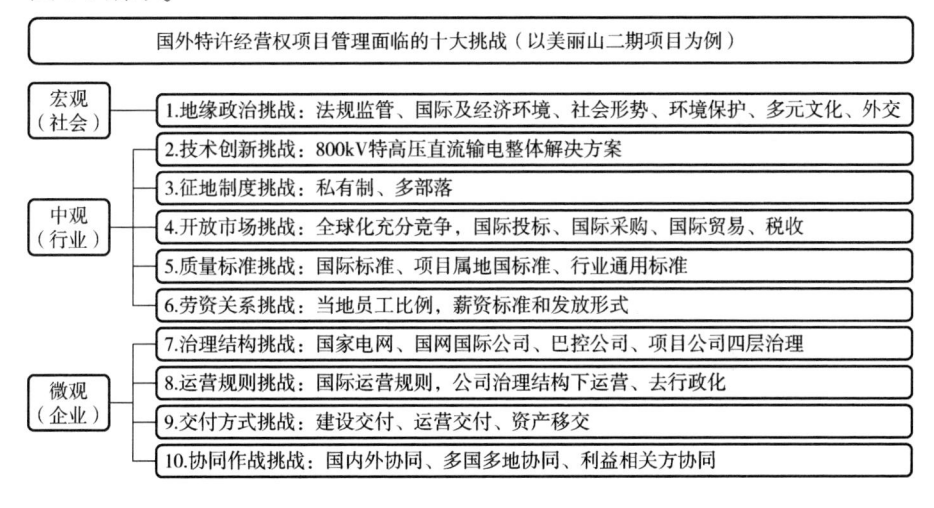

国外特许经营权项目管理面临的十大挑战（以美丽山二期项目为例）

宏观（社会）
1. 地缘政治挑战：法规监管、国际及经济环境、社会形势、环境保护、多元文化、外交

中观（行业）
2. 技术创新挑战：800kV特高压直流输电整体解决方案
3. 征地制度挑战：私有制、多部落
4. 开放市场挑战：全球化充分竞争，国际投标、国际采购、国际贸易、税收
5. 质量标准挑战：国际标准、项目属地国标准、行业通用标准
6. 劳资关系挑战：当地员工比例，薪资标准和发放形式

微观（企业）
7. 治理结构挑战：国家电网、国网国际公司、巴控公司、项目公司四层治理
8. 运营规则挑战：国际运营规则，公司治理结构下运营、去行政化
9. 交付方式挑战：建设交付、运营交付、资产移交
10. 协同作战挑战：国内外协同、多国多地协同、利益相关方协同

图1-3 国外特许经营权项目管理面临的十大挑战

国外特许经营权项目在知识、经验、方法和程序等方面具有鲜明的特点和复杂性。项目团队需不断学习和积累经验，以适应不同国家和地区在政治、经济、法规、监管、社会局势方面的差异，从而更好地应对诸多挑战与风险，实现大型国际特许经营权项目的战略目标及商业价值。

1.1.4 美丽山二期项目

1. 项目基本情况

巴西地域辽阔，电力供需分布极不平衡，80%的用电负荷集中在东南部发达地区，而发电资源主要分布在北部亚马孙河流域。为解决这一电力供需矛盾，巴西政府决定建设装机容量超 1123 万 kW 的美丽山水电站，并将其列为国家重点工程。美丽山水电站如图 1-4 所示。

图 1-4　美丽山水电站

第1章　超越项目管理综述

在此背景下，国家电网看到了参与美丽山水电站项目的机遇。经深入研究与评估，国家电网决定凭借自身在特高压直流输电技术方面的优势，参与美丽山水电站的输电工程建设。

在竞标过程中，国家电网充分发挥自身在技术、经验和管理方面的优势，独立中标美丽山二期项目。

美丽山二期项目工程建设范围主要分为线路工程和换流站工程两部分。其中，线路工程包括新建一回±800kV特高压直流输电线路，以及受端里约换流站联接当地500kV电网的输电工程；换流站工程包括新建欣古换流站、里约换流站和接地极及其配套工程。

工程线路北起亚马孙河流域，止于东南部里约热内卢州帕拉坎比市（Paracambi），途径帕拉、托坎廷斯、戈亚斯、米纳斯、里约热内卢5个州81个城市；经过亚马孙雨林、塞拉多热带草原、大西洋沿岸山地雨林3个迥异的地理气候区；跨越亚马孙河、托坎廷斯河等5大流域、13条河流，绕过20个自然保护区。该线路地形多变，生态体系极其复杂，人文差异极大。

线路工程范围包括新建±800kV直流输电线路2539km，输送容量400万kW；欣古换流站接地极线路37km；里约换流站接地极线路151km、500kV同塔双回交流线路共32km和4条单回500kVπ接线路共16km，共分为11个标段，由来自中国和巴西的5家EPC公司承揽。

换流站工程范围包括新建欣古换流站、里约换流站及2×15万千乏安调相机、两端接地极、8座通信中继站，以及新伊瓜苏500kV变电站扩建、π接线路进线对应的500kV变电站内部（资产归属Furnas公司）改造工程，由中国电力技术装备有限公司EPC总承包。换流站如图1-5所示。

图 1-5 换流站图

2. 项目技术方案

美丽山二期项目的一项标志性创新是采用±800kV 单 12 脉动阀组技术，其中换流技术是直流输电技术的核心。相比于国内单级双 12 脉动技术，该技术换流阀单阀电压等级显著提升，对换流变压器阀侧耐压水平、阀内晶闸管的电压均衡提出更高要求，因此需进行全新设计。南瑞集团有限公司、中国西电集团有限公司等国内优秀的设备供应商，从电场、磁场、结构、流体、热动力学等方面进行针对性研究，成功研制出性能稳定的单极单 12 脉动换流阀和换流变压器设备，现场运行表现稳定。

美丽山二期项目的另一项标志性的创新成果，是在世界上首次成功开发并投运了用于协调控制美丽山一期项目、美丽山二期项目两回直流运行的协调控制系统（Master Control）。该系统以确保巴西北部水电站，尤其是美丽山水电站机组出力最大化为原则，承担着控制协调美丽山水电站和装机容量达 8300MW 的 Tucurui 水电站共计超过 20 台发电机组，以及巴西北部送端电网、南部受端电网的功率平衡和安全稳定重任。所控制的装机和输电系统容量超过巴西全电网负荷的 10%，可以实现美丽山一期项目、美丽山二期项目直流与相关交流电网在故障情况下的功率转移、调增或调减发电厂出力等功能，从而最大限度地保障电网功率平衡和安全稳定。该系统的建设需要融合多达15家外部各类电力生产、输配公司的不同型号、技术规格的设备、系统和管理流程，技术难度极大、协调工作复杂、时间紧、要求高。其他跨国公司在巴西市场面对类似的系统协同控制需求时，即使规模更小，也始终未能攻克，如2012年投运的西部木河（Madera River）梯级水电站的双回±600kV的直流输电送出工程。基于技术创新方案的美丽山二期项目的成功建成并投运，得到了巴西国家电力调度中心及电力监管机构的高度赞誉。

3. 项目商业方案

美丽山二期项目的商业模式为30年特许经营。中标者负责项目的投融资、建设、运行与维护。建成投运后，特许经营权项目公司拥有的输电资产运营权由巴西国家电力调度中心负责集中调度和控制，经营者只需确保资产功能良好、随时可用（具体输送功率及使用率由巴西国家电力调度中心决定），就能根据特许经营协议获得约定的年度监管收入。该收入由依特许经营权竞标标价确定，用于支付运维费用、偿还贷款，并获得合理的投资回报。

对于非外部原因导致的输电线路的停运，包括计划停运和非计划停运，巴西国家电力调度中心将根据具体情况对巴控公司处以停电时间对应收入的5~75倍罚款，因此项目对输电资产的可靠性、可用率，以及计划和非计划作业的供电恢复时效考核要求较高。

巴西电力监管局每年对巴控公司的年度监管收入进行调整，调整时主要考虑过去一年通货膨胀率等指标。如果巴控公司实施经电力监管局批准的新增投资，电力监管局也将对年度监管收入进行重新审核、调增补偿。

1.2 超越项目管理模型

美丽山二期项目是国家电网在海外独立投资建设的特大型输电项目，由于该项目具有技术复杂度高、涉及利益相关方众多、工期紧、风险大等特点，项目实施面临巨大的困难和挑战。然而，项目团队因地制宜、因人施策，创新运用现代项目管理方法和工具并实现诸多管理方法的超越，最终助力项目成功，为国家电网"走出去"打下坚实的基础。

基于对国际特许经营权项目应用实践和探索创新的总结，研究提炼出国际特许经营权项目管理在传统项目管理基础上的五大超越，包括战略贡献超越、生命周期超越、组织保障超越、关键支撑超越和价值交付超越。其中，组织保障超越细分为组织与治理超越、项目思维超越、多元文化超越；关键支撑超越细分为竞标策略超越、财务管控超越、知识领域超越和工具方法超越。超越项目管理模型见图1-6。

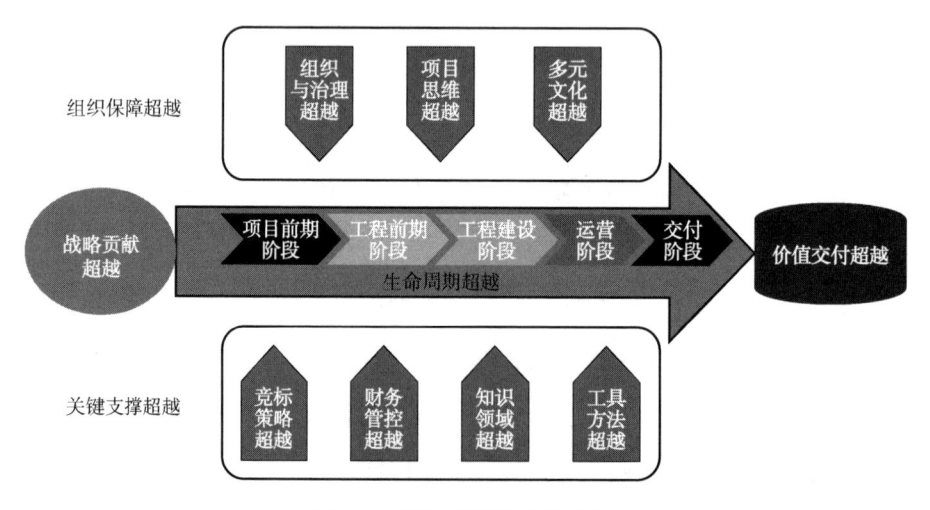

图1-6 超越项目管理模型图

第1章 超越项目管理综述

上述五大超越，以战略贡献超越为起点，以生命周期超越为主线，以组织与治理超越、项目思维超越、多元文化超越为保障，以竞标策略超越、财务管控超越、知识领域超越和工具方法超越为关键支撑，以价值交付超越为终点。

（1）战略贡献超越。从单项目战略价值贡献到组织中长期战略价值贡献的超越。

（2）组织与治理超越。从项目级组织结构到项目公司级组织结构的超越；从单一国家和地区、单一公司和单一项目的治理结构到多个国家和地区、多个公司和多个项目的治理结构的超越，并创新建立"双签"机制。

（3）项目思维超越。从传统战略和商业思维到韧性管理、社会责任、可持续发展思维的超越。

（4）多元文化超越。从单个国家和地区的文化管理到跨国跨地区多元文化管理的超越，包括价值观、信仰、行为规范、思维方式、语言习惯、管理方式、决策风格、工作节奏和人际关系等。

（5）生命周期超越。传统"工程建设"项目管理生命周期是从可行性研究批复到竣工投运（产），实现项目建设目标就结束项目。美丽山二期项目将管理链条向前延伸至项目前期包括"项目竞标"在内的市场开拓策略，向后延伸到项目投产后的运营维护阶段。

（6）竞标策略超越。从联合竞标到独立竞标，从项目造价成本到项目生命周期投资回报的项目竞标策略超越。包括联合竞标项目的经验沉淀、技术方案编制、预合同签订、财务模型构建和报价策略设计等，实现项目和组织的战略目标。

（7）财务管控超越。从项目成本的估算、预算与控制管理到项目财务层面的汇率、融资、税务筹划和价格波动等管理。

（8）知识领域超越。超越传统项目管理知识体系十大知识领域范畴，新增环保管理、征地管理、合规管理等管理领域。

（9）工具方法超越。超越传统项目管理知识体系中的工具和方法，增加了管理分解结构（Management Breakdown Structure，MBS）、财务分解结构（Financial Breakdown Structure，FBS）、利益相关方分解结构（Stakeholder Breakdown Structure，SBS）、联席会议机制和共享价值激励措施等新型管理工具。

（10）价值交付超越。从成果交付到价值交付的超越。价值包括战略价值、社会价值、项目价值、利益相关方价值、标准和规则价值等。

传统项目管理与超越项目管理对照表见表1-1。

表1-1 传统项目管理与超越项目管理对照表

对比维度	传统项目管理	超越项目管理
战略贡献	在项目目标和范围清晰的环境下，通过项目实现组织的战略目标。单个项目仅是实现组织战略单元之一。侧重短期战略目标实现	在项目目标和范围不清晰的环境下，通过迭代明晰项目边界和熟悉环境，通过牺牲局部利益，达成最终战略目标。侧重中长期战略目标实现
组织与治理结构	项目组织结构和治理结构相对简单，采用项目型、矩阵型、职能型单一组织结构；治理结构也只涉及单一国家和地区、单一公司或单一项目	从项目级组织结构到项目公司级组织结构的超越。专门成立项目公司负责承建和运营，项目公司包括离岸公司、投资公司、承包公司多层组织结构设计和运营；治理结构涉及多个国家和地区、多个公司和多个项目，并创新建立"双签机制"和"共享服务（Services Shared Centre，SSC）"
项目思维	以交付为目标，重点关注进度和质量	以价值为导向，重点关注组织战略和商业目标，同时还注重韧性管理、社会责任、可持续发展等

第 1 章　超越项目管理综述

（续）

对比维度	传统项目管理	超越项目管理
多元文化管理	项目管理局限单一国家或地区的文化环境，文化和价值冲突较小	涉及多个国家和地区的多元文化建设和融合等要素，以及对它们进行本地化管理
生命周期	项目管理生命周期主要指单个项目从合同签订到交付的过程	生命周期是从商业机会营造和标准制定、参与竞标，直到项目的特许经营期满
竞标策略	项目竞标是在业主需求、范围和政府监管环境相对确定的情况下，采用技术评标加商务标的综合评分法	依托联合竞标项目经验沉淀，积累竞标数据；通过与分包商和供应商签订预合同，绑定利益共同体；通过构建财务模型确保中标。经过多项目迭代、多公司利益捆绑，形成独特的竞标优势
财务管控	是成本规划、估算、预算和控制四阶段管控	以商业目标为导向，以财务数据为支撑，不仅包括传统项目的成本管理，还包括投融资、汇率、税务和采购等财务管理
知识领域	项目管理的十大知识领域包括整合管理、范围管理、进度管理、成本管理、质量管理、资源管理、沟通管理、风险管理、采购管理、利益相关方管理	在项目管理传统十大知识领域基础上，本着可持续发展理念，增加了环保管理、征地管理、合规性管理等管理体系
工具方法	涉及十大知识领域，分布在 49 个过程中的 130 多个工具和方法	创新性提出了管理分解结构（MBS）、财务分解结构（FBS）、利益相关方分解结构（SBS）、联席会议机制、共享价值激励措施等工具和方法
价值交付	只关注交付，价值实现依赖运营阶段	需要实施价值定义和价值规划，不仅包括项目本身的价值交付，还包括战略价值、社会价值、利益相关方价值、标准和规则价值等

第 2 章　项目战略超越

2.1　项目战略综述

战略的广义定义是实现未来理想的方法或计划，包括实现目标的路径或解决问题的方案。

在商业领域，战略是"定义并体现组织的独特定位，说明组织如何通过整合资源、技能与能力以获得竞争优势的规划"或"组织基于行业定位、机遇与资源，为实现长远目标而制订的计划"。

对于特许经营权项目，需成立专门项目公司，项目战略即项目公司战略。项目公司战略需与项目股东公司的战略保持一致。

2.1.1　战略层级

战略层级指企业在制定和实施战略时，根据企业的规模、业务复杂性和组织结构等因素，将战略划分为三个层级，分别为公司战略、业务战略和项目战略。以美丽山二期项目为例，组织战略分为三个层级，自上而下依次是国家电网战略、巴控公司战略、项目公司战略。不同层级的战略目标相互关联又各有侧重，如图 2-1 所示。

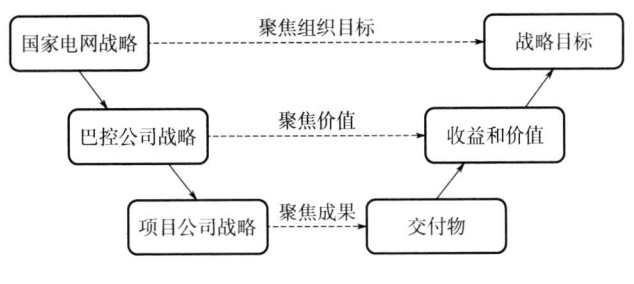

图 2-1　战略层级图

国家电网层面，聚焦组织中长期发展目标，确保组织战略目标的实现；巴控公司层面，聚焦多项目投资、建设、运营和维护的价值和收益，实现投资组合和统筹管理的价值最大化；项目公司层面，聚焦特许经营合同的项目投资、建设、运营和维护的商业目标实现。

三个层级战略目标分别如下：

1）国家电网。特高压直流输电技术和关键设备输出战略目标。

2）巴控公司。国际市场开拓和国际品牌建设战略目标。

3）项目公司。项目本体价值实现及打造国际化运营团队的战略目标。

通过国家电网的战略指引、巴控公司的项目统筹、项目公司的落地实施，形成了价值层层传递、环环相扣的战略层级体系。

2.1.2　战略落地

组织战略的落地是一个从上而下、循序渐进的过程，包括 6 个环节，分别为组织战略规划、组织战略举措、投资分析与决策、项目选择与分类、项目治理和项目管理。战略落地过程如图 2-2 所示。

23

组织战略规划		战略地图
组织战略举措		举措看板
投资分析与决策	战略一致性 资源可用性 风险与收益	项目漏斗
项目选择与分类	P_1 P_1 …… P_n	项目清单
项目治理	·投资类项目 ·工程类项目 ·研发类项目 ·……	项目仪表盘
项目管理		项目甘特图

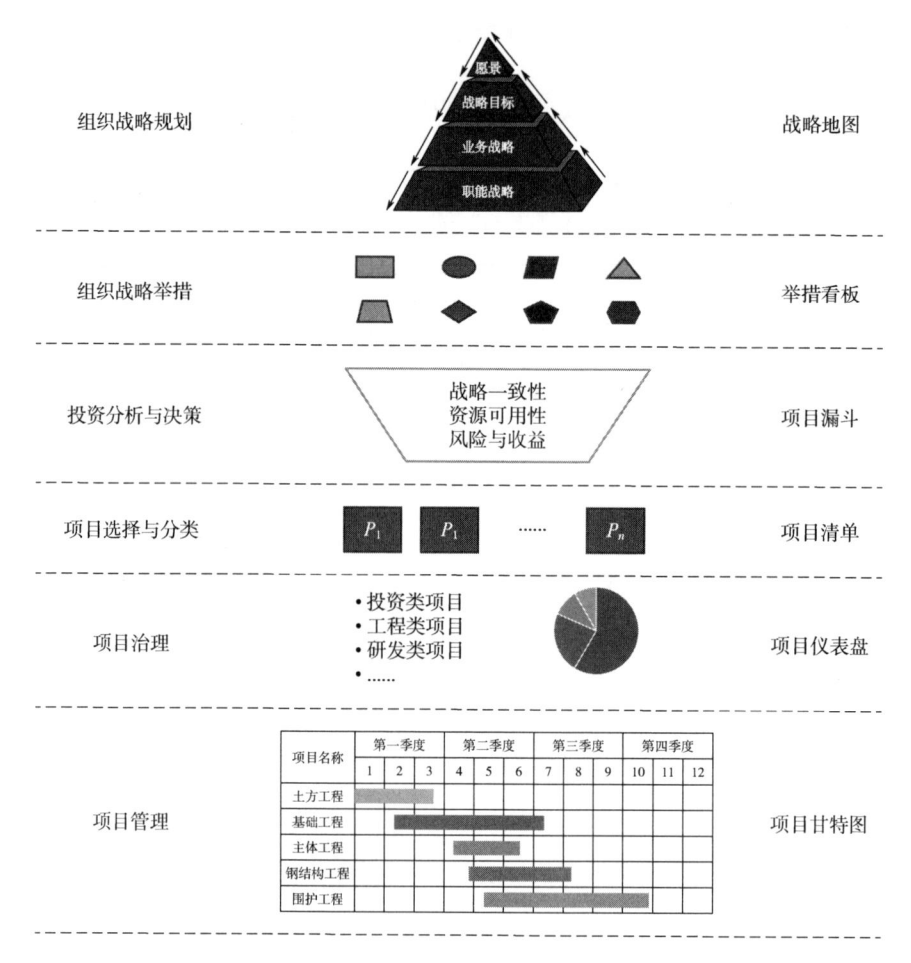

图 2-2 战略落地过程

1. 组织战略规划

　　组织战略规划是企业管理层对未来一段时间内企业发展的全面设想与系统安排。它涵盖企业的愿景、使命、目标、策略及实施计划，旨在通过有序的资源配置和行动指导，实现企业的长期目标。在组织战略规划过程中，常用的工具有战略地图。战略地图是一种可视化的战略规划工具，它将组织的战略目标分解为可操作的行动计划。战略地图内容在财务层面，涵盖股东价值、利润增长、成本控制等长期财务目标；在客户层面，关注客户满意度、市场份额等指标；在内部流程层面，优化企业的关键业务流程，提升客户价值并创造价值；在学习与成长层面，强调员工能力提升、信息系统完善等推动企业的长期发展和创新。

2. 组织战略举措

制定组织战略举措是为实现组织战略目标而采取的具体行动或计划。这些举措通常是跨部门的，需要协调各方资源共同完成。制定组织战略举措时可使用举措看板工具。举措看板是一种用于跟踪和管理战略举措进度的工具，其内容包括举措名称、目标与指标、责任主体、进度跟踪等。通过分析这4项内容之间的相互关系，绘制企业战略因果关系图，以确保战略落地实施。

3. 投资分析与决策

投资分析与决策是项目组合管理的关键环节，涉及对潜在项目的投资价值进行评估。投资分析与决策的内容通常包括：①战略一致性。评估项目是否与组织战略相匹配。②资源可用性。确定项目所需的资源是否可用。③风险和收益。分析项目的潜在风险和预期收益。

投资分析与决策可使用项目漏斗工具。项目漏斗是一种通过设定基本条件进行筛选和评估项目的工具，用于从众多想法中快速筛选出最有潜力的项目。

4. 项目选择和分类

项目选择和分类是依据组织的战略需求和资源状况，对项目筛选结果进行优先级排序的过程，进而实现项目选择。为满足管理需求，需对选定的项目进行分类分级管理，如对工程建设类项目、软件开发类项目、技术改造类项目等进行项目分类，以便针对不同项目特征提升项目管理效能。项目分级则依据项目战略层级进行设定，如国家级项目、集团级项目、公司级项目、部门级项目等。

5. 项目治理

项目治理是通过一系列政策、流程、制度和工具，对项目管理活动进行组织、决策、监督和控制的过程，其目的在于确保项目顺利完成。

项目治理框架定义治理体系的结构、流程、角色与职责分配机制、决策机制、监控与报告工具等。

6. 项目管理

项目管理指应用知识、技能、工具和技术，通过启动、规划、执行、监控和收尾五大过程实现项目目标的管理活动。

通过上述 6 个层面可以清晰地看到，从组织战略规划到项目落地的过程具有系统性特征，每个层面都有其特定的工具和方法。这些工具和方法的有效应用，不仅能够确保项目与组织战略目标的一致性，还能够显著提高项目成功率，最终驱动组织战略目标的实现。

2.2 项目战略超越实践

项目既是组织战略实施的载体，又是战略目标实现的手段。

国家电网对巴西电力市场的战略是，技术维度上输出特高压直流输电技术、设备、标准和整体解决方案，品牌维度上树立国家电网在巴西的企业形象，商业维度上以系列项目获得战略商业价值。在美丽山二期项目的战略管理中，除了保持传统战略一致性的做法，还采用了迭代实现战略目标、前置风险战略管控、培养项目战略人才等创新战略管理方法。

2.2.1 保持战略一致性

国家电网在国际市场推广我国特高压技术，制定了"三步走"战略。美丽山二期项目战略目标的实施，成为国家电网"三步走"战略成功的关键环节，是战略推进的主战场。

（1）技术输出与市场开拓。国家电网通过技术推介和示范工程，向巴西等国际市场展示我国特高压技术的先进性和可靠性。在巴西美丽山水电送出工程中，国家电网向巴西政府及电力部门详细介绍了±800kV特高压直流输电技术的优势，包括远距离、大容量、低损耗等特点，并结合我国已建成的特高压工程案例，证明了该技术的成熟性和经济性。经过多次技术论证和实地考察，巴西方面最终于2012年12月确定美丽山水电站送出工程采用双回±800kV特高压直流输电技术方案。2013年初，巴西矿产能源部正式通知巴西能源研究中心，要求按照已公布的美丽山水电站送出方案比选报告推荐的特高压直流方案，开展美丽山一期项目的可行性研究编制工作，即技术规范书编制。2014年2月，该项目启动特许经营权招标。

在该阶段，巴控公司积极开拓"绿地"项目投资，先后与巴西国有的联邦及州电力公司联合或独立参加多个500kV输变电工程项目的特许经营权竞标，并中标多个特许经营权项目，输电工程共计超过3000km。这奠定了巴控公司在巴西"绿地"输电项目竞标中的有利地位，打开了全面参与巴西电力市场合作的新局面。特别是国家电网与巴西国家电力公司合作，主导组成联合体于2014年2月成功中标美丽山一期项目。这一合作不仅实现了技术输出，还为我国特高压技术在国际市场的推广奠定了基础。

（2）独立投资与工程实践。在赢得美丽山一期项目后，国家电网审时度势，进一步深化"走出去"战略，于 2015 年 7 月独立参与美丽山二期项目竞标，并成功中标。美丽山二期项目由巴控公司独立投资、建设和运营，标志着我国特高压技术实现从"联合输出"向"独立主导"的跨越。

在项目实施过程中，项目公司克服了巴西复杂的自然和社会环境、严格的环保要求，以及本地化运营的挑战。通过优化实施方案，加强本地化团队建设，并严格遵循巴西环保法规，项目提前 100 天投入商业运行，创造了"中国速度"，成为国际化合作的典范。

（3）标准输出与全球拓展。国家电网通过美丽山一期和二期项目，不仅实现了技术和高端设备的输出，还推动了我国特高压技术标准的国际化。巴西劳工部认证了中方研发的特高压带电作业屏蔽服、特高压输变电设备运维规程等标准，标志着我国标准获得巴西乃至国际市场的认可。

此外，以巴西美丽山一期和二期项目为支点，国家电网进一步拓展了巴西第三回特高压直流输电工程特许经营权，以及巴基斯坦、德国等直流输电项目，推动我国技术标准的推广应用。通过"一带一路"倡议，国家电网正积极推进全球能源互联网建设，将特高压技术推广至更多国家和地区。

"三步走"过程中，在国家、国家电网、巴控公司和项目公司 4 个层级保持战略高度一致性，具体实践路径如下：

（1）国家战略层级："一带一路"倡议的实践者。美丽山二期项目受到中巴双方政府高层领导的重视，该项目的投资、建设和运营承载了践行我国"一带一路"倡议的战略使命，最终成为"一带一路"的成功典范。这一战略不仅解决了巴西能源送出的难题，还为我国高端装备和技术标准走向世界提供了成功范例，彰显了我国在全球能源领域的领导力和影响力。

（2）国家电网层级：国际化品牌的传播者。国家电网的战略目标是"成为全球领先的能源互联网企业"，这一国际一流的战略定位要求其具备相应的国际品牌知名度。通过美丽山一期项目和美丽山二期项目的落地，国网公司获得当地政府、公众及全球同行的高度认可和赞誉，在巴西树立了良好的品牌形象，实现了特高压技术从"引进来"到"走出去"的全面升级，进一步巩固了国家电网在国际电力市场上特高压直流输电领域的主导地位。

（3）巴控公司层级：国际市场的开拓者。巴控公司作为国家电网国际化投资的平台之一，肩负着推广巴西市场、构建国际化市场体系的重要任务。收购"熟地"项目、合资参与"绿地"项目，以及独立获得"绿地"项目的特许经营权，充分彰显了巴控公司在当地的市场影响力，为国网国际公司开拓国际市场提供了成功案例。

（4）项目公司层级：组织战略的落地者。巴控公司获得美丽山二期项目后，组建成立了项目公司。该公司成功开拓国际化融资渠道，应用自主知识产权的±800kV特高压直流技术，带动国内特高压直流输电设备出口，输出国际特许经营权项目管理实践经验。项目提前100天投运，成为项目战略落地的标杆范式。

2.2.2 迭代实现战略目标

巴控公司在巴西市场开拓的战略经历了三个项目战略迭代的过程，分别为并购熟悉环境阶段、联合投标了解规则阶段、独立投标知行合一阶段。

1. 并购熟悉环境阶段

刚开启国际化业务的国家电网及国网国际公司，在初涉巴西电力投资市场时，面对的是完全陌生的国家体制、法规和监管体系，以及迥异的人文、社会、语言、文化等市场环境。国家电网以国网国际公司在巴西设立的巴控公司作为投资管理平台，并购当地七家特许经营权项目。此阶段的主要目标是快速熟悉巴西电力市场环境、法律框架和运营规则。经精心筛选，并购对象覆盖巴西不同地区电力网络，以全面了解市场差异和地域特性。

在并购过程中，国家电网不仅注重资产和资源整合，还着重吸收融合被并购公司的运营经验和人才。通过深度调研和尽职调查，国家电网对巴西市场的监管环境、竞争格局、技术标准和客户需求有了一定的认识。此阶段还涉及与当地政府、监管机构和社会各界的沟通协调，确保并购活动合规顺利推进。通过这一系列举措，国家电网逐步建立在巴西市场的初步影响力，为后续发展奠定了坚实基础。

2. 联合竞标了解规则阶段

巴控公司在第一阶段通过并购方式参与 7 条线路的"熟地"项目建设运维，已熟悉当地市场环境和法律监管要求，但对"绿地"项目的投标条件、评标规则及风险应对还缺乏实操经验。此阶段通过与当地电力公司联合参与投标项目进一步熟悉和了解巴西市场的投标规则和流程，积累投标经验，辨识"绿地"项目投资建设风险，并提升市场知名度和竞争力。

美丽山一期项目是巴西国家级重点工程，巴控公司（股比 51%）联合巴西国家电力公司（协调人）及其旗下的北方电力公司（股比 24.5%）、Furnas 公司（股比 24.5%）参与竞标并成功中标。

在联合投标过程中，巴控公司不仅学习巴西市场投标策略和技巧，还通过资源共享和信息互通，增强投标竞争力。联合竞标还为巴控公司提供了与当地企业建立合作关系的机会，为未来独立投标阶段储备优质合作伙伴。此外，巴控公司通过展示其在项目管理、技术创新和运营效率方面的优势，逐步树立起良好的品牌形象。

3. 独立投标知行合一阶段

上述两个阶段通过并购熟悉国际特许经营权项目标准、要求和监管环境，实现"知"的积累；通过联合投标掌握国际特许经营权项目的投标和运营管理规则，完成"行"的实践。此阶段旨在通过独立投标并中标，实现"成"的目的，真正做到"知行合一、知成一体"。

经过前两个阶段的积累和准备，巴控公司终于进入独立投标阶段。此阶段巴控公司凭借前期积累的经验和资源，独立参与巴西市场的投标项目并成功中标，经历了从不知到知、从知到行、从行到成的演变过程，真正体现了"知是行之始，行是知之成"。

独立投标标志着国家电网在巴西市场已经具备较强的竞争力和独立运营能力。投标过程中，国家电网深度融合其在国内和国际市场的成功经验，结合巴西市场的实际情况，制定科学合理的投标策略和方案。中标后，巴控公司迅速启动项目执行工作，通过高效的项目管理体系和先进的技术手段应用，确保项目顺利实施和高质量完成。该阶段的成功不仅为国家电网在巴西市场赢得了更多的业务机会，也为其在全球范围内的市场拓展提供了有力支撑。

国家电网在国际化战略实践中，经历了由单项目到多项目、由小项目到大项目、由收购"熟地"项目到合资完成"绿地"项目。再到独立投资完成"绿地"项目的战略迭代。

2.2.3 前置风险战略管控

国际特许经营权项目面临政治、经济、法规和监管要求等诸多不确定性。在项目全生命周期中，需提前预判项目风险并制定风险防控措施，保障项目稳健实施。这种全过程、全员、全专业的前置风险管理方法，从战略的角度对风险进行系统性管控。

1. 前置风险预判和识别

通过美丽山二期项目实践，在政治、社会、经济、环保监管、劳工保护、大件运输及通关等领域实施前置风险预判和识别，减轻了风险对战略目标的影响。重大风险如下：

（1）巴西宏观政治、社会和经济环境风险。巴西宏观经济呈现通货膨胀高、汇率波动较大等特征，叠加政治社会动荡、大规模融资困难，导致巴西很多大型基建项目一再推迟甚至停滞。

（2）工程实施难度大。巴西环保监管极其严格，项目沿线社会群体复杂，土地权属分散、产权私有者极多，线路大跨越多，工程实施难度大。

（3）工程外部接口单位多，税收及劳工保护严格。项目公司须面对当地众多利益相关方的各种诉求，以及协调管理、汇率、环保、征地、采购、劳务及税收等众多风险，要求具备强有力的管控能力。

（4）大件运输及通关。中国设备运往巴西施工现场的途中历经海运、清关、内陆船运、公路运输许可办理、道路改造等多个流程，全程耗时约3个月。为确保工程进度不受影响，项目公司从战略高度进行大件物资运输和通关的风险前置管理，凭借提前准备、精心协调和沟通，圆满完成了运输距离远、清关复杂、条件严苛的大件运输及通关任务。

2. 前置风险应对方案

前置风险管理是国际特许经营权项目管理的灵魂。在项目前期，巴控公司对美丽山二期项目的投资、建设和运营进行了全面的风险预判和评估。工程前期，项目公司对项目建设、运营和维护等各类风险进行了充分预判并制定了相应对策略。巴控公司和项目公司都从战略高度对风险进

第 2 章　项目战略超越

行前置管理，做到提前预判、提前策划、提前应对，主要领导亲自挂帅，提前布局、多方沟通、全面准备、抢先处置，做到事前规避和减轻各类风险对战略目标的影响。具体战略前置风险管控的实践如下：

（1）财务支付前置。为降低劳工罢工风险，采取了财务延伸支付管控举措。该举措要求项目公司每次给承包商付款时，均需查看承包商给下游供应商、劳工及沿线属地政府缴税的付款记录，确认无误后支付后续款项，从而有效减少劳工集体罢工、劳资和税收诉讼风险。

（2）环保审批前置。通过第三方合作实现合规性申请与送审前置，有效转移不熟悉地理环境和监管要求导致环保审批滞后影响工程进度的风险。如何争取利益相关方支持，解决环评环保问题并获得合规性许可，将是大型国际项目管理的"生命线"。在美丽山二期项目实施过程中，项目团队从环境工作、监管体系、许可申请等方面探索出成效卓著的环保合规性管理实践。项目环境影响研究工作涵盖两端换流站和输电线路途经区域，涉及物理环境、生物环境和社会环境的深度调查、研究和评估，整合工程学、生物学、地质学、社会学和考古学等等十余个学科领域，规模十分庞大，内容十分复杂。通过项目环境影响研究工作形成包含项目基本情况和特点，项目环境诊断（物理环境、生物环境、社会经济环境），识别并评估项目在施工和运行阶段所可能产生的环境影响，优化项目线路路径选择方案，提出项目环境整改保护方案的环境影响研究报告。

（3）融资方案前置。通过比选股东投资、银行贷款、发行债券、过桥融资、外币贷款掉期等融资方案，优化财务成本组合，最终方案比原商业计划的融资方案有很大程度的优化，大幅减少股东资本金投入，降低项目的融资成本，提升投资回报率。

（4）大件国际运输及通关方案前置。设备分为我国设备和巴西当地设备两部分。

我国设备部分。美丽山二期项目的高端换流变压器（单台重337t）、换流阀和控制保护设备三大核心设备均来自我国，这些设备也是首次从我国被成规模运抵海外工程现场。设备经20 000km海陆联运，穿越雨林、河流、山路，最终按时、保质、安全地运抵两端换流站施工现场。

项目建设期间，需完成43批次货物运输，其中集装箱发运37批次，运量共计541个国际标准箱单位，运往欣古换流站和里约换流站的货物平均运输周期分别为85天和49天；散杂货发运6批次，运量共计32 572计费t，包括14台换流变压器本体大件设备，运往欣古站和里约站平均运输周期分别为112天和167天。

如果未对项目大件货物运输实施风险前置管理，路段、桥梁、码头、当地交通管理制约、通关要求等任意一个环节出现问题，都将严重影响项目进度与成本。

美丽山二期项目的中国设备均通过巴西北部的贝伦港和里约热内卢州的伊塔瓜伊港分别转运至欣古换流站和里约换流站，全程由中特物流公司负责集装箱和散货运输。

欣古换流站±800kV高端换流变压器运输环节如图2-3所示。

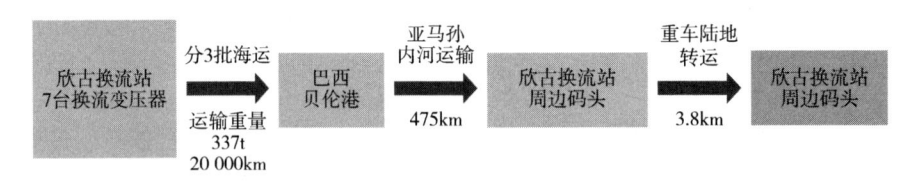

| 欣古换流站
7台换流变压器 | 分3批海运
运输重量
337t
20 000km | 巴西
贝伦港 | 亚马孙
内河运输
475km | 欣古换流站
周边码头 | 重车陆地
转运
3.8km | 欣古换流站
周边码头 |

图2-3 欣古换流站±800kV高端换流变压器运输环节

运输过程包含多批次海运、亚马孙内河运输及重车陆地转运，需同时考虑运输途中各类风险，识别港口、码头的调度，并提前完成清关申请。

在美丽山二期项目中，项目公司采用风险前置管理策略，实施"预交关税、先放行后清关"模式，做到运输进度不耽误。

巴西当地设备部分。巴西当地设备主要包括 400kV 换流变压器、直流穿墙套管、直流转换开关、直流滤波器、交流滤波器、交流场设备、调相机系统等。上述设备采用集装箱运输，共计 9 批次。

两站低端换流变压器运输均存在条件限制：欣古侧设备由 ABB 圣保罗工厂发往圣保罗桑托斯港，经转运至欣古河码头，上岸后由当地交管部门实施欣古河码头到换流站的封路运输；里约侧相对复杂，由 ABB 工厂到里约换流站的公路运输路径需途经 CCR Nova Dutra 特许权公司路段，该公司为避免两台换流变压器同时运输影响正常交通，采取了限制换流变压器进出的措施，要求首台换流变压器完成该路段运输后，第二台换流变压器才能进入，期间间隔 10 天以上。

在里约换流站低端换流变压器安装期间，为确保换流变压器运输能够满足现场施工进度要求，项目公司会同承包商采用了第五台低端换流变压器和第六台低端换流变压器并行运输的策略，其中第五台并未通过 CCR Nova Dutra 特许经营权公司路段，而是由圣保罗工厂发到圣保罗州桑托斯港，通过海运转运至里约州的伊塔瓜伊港，之后按照高端换流变运输路线进行 70km 公路运输，有效确保现场正常安装进度。

通过实施上述前置战略风险管控，美丽山二期项目成功实现全周期运输风险可控，工程所有设备及时安全到场，满足安装进度要求。

2.2.4 培养项目战略人才

项目战略人才是组织中不可或缺的宝贵资源，是连接项目愿景与组织战略的桥梁。实施本地化人才培养战略，选聘并培养当地优秀人才并委以重任。

在美丽山二期项目中，战略人才有效协调国内外资源，克服技术、文化和地理条件等多重挑战，确保项目按时、按质、按预算完成。他们通过创新管理和技术应用，提升项目效率和质量，同时注重社会责任和环境保护，赢得了国际社会的广泛赞誉。

项目战略人才的培养具有深远价值。他们是组织战略落地的关键执行者，承担推动项目高效执行、为组织创造项目价值、形成组织国际化竞争优势的任务。

通过系统培养，美丽山二期项目打造了一支具备国际化视野、熟悉国际化特许经营权项目监管和运行规则、能融合跨文化团队、掌握跨文化沟通技能、精准把握国际化市场需求、有效整合国内外资源、拥有国际项目管理能力的专业团队。这支团队为组织沉淀开拓国际化市场、承接国际工程项目建设和管理、推广"中国方案"提供了战略人才保障。

1. 项目战略人才层级

在美丽山二期项目中，项目战略人才培养分为三个层级，分别是项目CEO、项目CXO（如CTO、CMO、CFO）、项目核心团队。

（1）项目CEO。国内传统的项目经理定位和能力难以满足国际大型特许经营权项目的价值创造需求。为应对复杂多变的"项目战争形态"和不断升级的"项目作战形式"，美丽山二期项目提出"开放市场环境下以项目为中心"理念，对整个项目人才的赋能提出了更高的要求，在超能英雄（HEROS）角色认知模型的基础上，进一步对国际大型特许经营权项目的项目经理提出新的要求。HEROS角色认知模型定义了大型国际项目CEO在项目中所承担的5种职责，包括：塑造高绩效团队领导者（Head）、工作环境氛围营造者（Environment）、项目利益相关方满意度责任者（Responsibility）、项目运营指挥者（Operation）、项目商业策略和方案制定者（Strategy & Solution）。

在美丽山二期项目中，项目经理既是项目公司 CEO，又是股东巴控公司的董事长。因此，美丽山二期项目创新性提出"项目 CEO"的概念。

巴控公司作为项目公司全资股东，其董事长需要对投资方向与未来发展负责。作为项目公司 CEO，需对项目投资、建设、运营负责，以保障项目股东价值最大化，通过统筹决策扩大有效监管资产规模，合理降低建造及运营成本，如将生产准备费尽可能列入建设成本，形成资产。项目 CEO 对项目目标的达成和交付负责。

项目 CEO 作为项目管理的核心人物，与普通意义上的项目经理有着显著区别。项目 CEO 不仅仅是协调员或指战员，还要有责任心和使命感，承担对外代表企业、对内代表业主的价值创造的责任。只有这样，项目 CEO 才能围绕项目整体目标，把握项目整体风险，根据特许经营权协议及项目商业计划书创造项目价值，维护各利益相关方利益。20 世纪巴西电工电气领域先驱曾造就国际超高压输电领域辉煌，新世纪美丽山二期项目的特高压直流输电工程的建设者将成为巴西特高压直流输电技术新一代"引领者"。

项目 CEO 与传统项目经理的区别见表 2-1。

表 2-1 项目 CEO 与传统项目经理的区别

序号	项目 CEO	传统项目经理
1	关注愿景、创意和人文	关注计划、任务和资源
2	关注核心要务，将非必要任务合理分配，提高下属的主观能动性	完成项目计划、获取资源、达成目标、支持运营

(续)

序号	项目 CEO	传统项目经理
3	超越个体诉求，与员工建立契约关系，提高员工工作激情	基于员工兴趣与员工建立契约关系
4	设定挑战性目标，预见更高的需求	维持公平、一致性
5	营造创新环境，建立风险处理机制	创造一个稳定的、安全的工作环境
6	使管理在困难环境中依然有效	维持管理有效
7	具备领导力，获得跟随的 CXO 认同	依托正式权利地位开展工作

CXO 是各种首席的统称，如 CCO（首席运营官）、CFO（首席财务官）、CTO（首席技术官）、CMO（首席环境官）、CPO（首席产品官）、CDO（首席数据官）等。

(2) CXO 铁三角。项目第二层战略人才中的 CXO 包括 CTO、CMO 和 CFO，三者构成项目"铁三角"。"铁三角"并不是一个三权分立的制约体系，而是紧紧抱在一起的命运共同体，作为项目价值的共同指挥作战单元。

1) "铁三角"中的 CTO 负责技术管理工作，具体包括制定项目公司技术发展战略；制订工程建设实施计划，实施计划包括实施方案、施工进度、采购进度、质量控制、调试规程、验收标准等；协调重大技术问题处理；审核工程进度款和相关费用支付申请；处理重大工程设备/材料费用变更及项目索赔事务；组织项目验收和投产有关工作。

2) "铁三角"中的 CMO 负责项目环保取证和征地，制定项目征地管理方案和环境保护发展战略；建立健全公司征地管理制度，控制项目公司征地投资及其风险；建立健全公司环境保护管理制度，控制项目公司环境保护投资及环境影响的风险；全面负责申请环境保护及土地征用相关证照与许可；监督环评报告承诺的环境保护措施有效落实；处理与环保组织、政府及地区社团之间关系。

3)"铁三角"中的 CFO 负责投融资和财务管理工作,制定项目公司财务战略;负责项目公司预算和投资计划,协调和跟踪项目公司预算及项目商业方案执行情况,保障项目实施所需的资源;建立年度决算报告和财务报表;制订财务、税务和会计计划,配合审计工作;审核工程付款与进度的匹配度;负责第三方劳务、纳税的审核,协调资产管理和许可收益分配方案。

"铁三角"的运作以市场为中心,聚焦项目价值,以实现投标阶段制定的商业计划目标。在项目全生命周期中,三个角色分别承担各自职责,既相互独立又充分协作。既要维持与关键利益相关方的良好关系,又要识别关键利益相关方的重要决策链条并找到核心的决策人;既要具备制定和遴选优秀技术方案与解决问题的能力,又要站在项目建设和运营的角度思考如何满足工程建设和运营的资源需求,从而取得商业成功,实现项目战略目标。"铁三角"的三个角色在项目建设和运营过程中,分别发挥各自的特长,形成合力,共同达成目标。

(3)项目核心团队。项目公司成立后,由项目经理牵头组建公司各部门,并设 9 个业务部门支撑工程建设,包括:综合处、工程处、计划控制处、投融资处、税控处、风险防控处、环境保护处、征地处和法律事务处。各业务部门职责见第 4 章 4.2 节。

2. 项目战略人才培养策略

(1)中方员工选派方面。国家电网早期举办国际业务及外语培训班,提供定制化培训计划,从中选拔具备良好技术背景和开放国际视野的外派员工。这些具有潜力和海外适应能力的员工加入项目公司团队后,持续接受相关教育培训,帮助其他员工理解巴西文化习俗、商业规范和工作方式，掌握当地技术规程、监管规则等方面知识，增强外派员工的沟通能力，以及在当地的融入度和团队影响力。此外项目公司还建立驻外经验分享机制，配套职业发展规划和岗位培养体系，保持员工工作热情，提升组织凝聚力和知识传承能力。

（2）选聘当地骨干员工方面。首先，在选聘当地骨干员工时，着重考察以下几个方面：

1）专业能力，选聘的各业务或专业负责人应该是市场上的佼佼者。

2）文化认同及跨文化沟通管理能力。了解并尊重中国文化与管理理念。

3）善于学习创新。

4）职业精神与忠实履职。

其次，按巴西市场化薪酬标准，结合绩效考评机制，确定岗位基本薪酬及年终绩效奖励。

再者，开展特高压直流输电技术规程、质量标准体系、运行规程、管理流程等专业培训，以及中国文化、语言、沟通、管理等专题培训。

最后，安排赴华进行技术交流培训，参与设备监造和出厂试验验收等工作。

通过以上举措，项目公司成功培养了一支高效运作的本地化人才队伍，为美丽山二期项目推进及其他国家和地区特许经营权项目提供了人才保障。

2.3　项目战略超越小结

通过美丽山二期项目的战略实践，实现了战略一致性、实现战略目标方法、前置风险管控、项目战略人才培养等方面的战略超越。

第 2 章　项目战略超越

1. 战略一致性超越

按照集团战略指引，巴控公司通过资源整合，在选择巴西并购标的及投资"绿地"项目的业务拓展中，坚持与在运资产协同性和服务战略目标一致性的分析与评估，确保发展过程的投资服务于整体战略目标的实现。美丽山二期项目的成功投运，极大提升了巴控公司在巴西电力行业的信誉度和认可度。巴控公司成为受当地同行尊重的大型国际化公司，成为"一带一路"的典范。

2. 实现战略目标方法超越

采用迭代方式实现战略目标。第一次迭代，并购 7 条输变电项目，形成约 20 亿美元的资产规模，熟悉当地的市场环境和监督环境，奠定战略基础。第二次迭代，联合中标多个特许经营权项目，为独立竞标"绿地"项目建立能力，提前熟悉市场环境、投标条件、规则和风险，保障战略目标实现。第三次迭代，独立中标美丽山二期项目，在该项目中，成功将中国 ±800kV 特高压直流输电技术、设备、规范、管理模式和品牌成功落地实施，实现了中国特高压直流输电技术一体化"全产业链、全价值链"协同"走出去"的战略目标，展现了中国在全球能源治理中的领导力。

3. 前置风险管控超越

通过在项目前期签订预合同，在项目实施过程中采用财务延伸支付管理、环保管理、项目融资管理等风险前置管控手段，构建起"绿地"项目开发的风险内控标准流程体系。

4. 项目战略人才培养超越

在美丽山二期项目中，实现了从传统项目经理角色到项目 CEO 角色的超越、在 CXO 铁三角职能结构稳定性上的超越和项目核心团队阵型专业匹配度上的超越，为公司长期可持续发展奠定坚实基础。

通过美丽山二期项目战略超越实践，不仅达成了项目公司项目战略目标，还助力了巴控公司和国家电网中长期战略目标的实现，超越了传统项目对组织战略价值的贡献。此外，也从战略层面为中国企业海外项目投资、建设和运营管理提供了一条新路径。

第 3 章 竞标策略超越

3.1 竞标策略综述

巴控公司从 2011 年—2014 年组织竞标工作（不同组织层面），组建项目管理团队，负责中标特许经营权项目的工程建设。工程建设过程中，持续实践探索，积累丰富实操经验和各类风险案例，成功建立了符合巴西市场特点的竞标操作流程、市场价格体系和项目管理体系。长期的组织知识积累为后续竞标策略制定奠定坚实基础。

在巴西数十次大型输电项目特许经营权竞标工作实践中（在巴西不同地理位置），形成了关键认知：在重大国际特许经营权项目竞标中，要赢得竞标并在实现项目战略目标的同时实现项目商业价值目标，需要一支长期坚守当地的核心队伍，超前开展战略目标的落地方案及项目竞标策略研究和方案编制。

制定有效的竞标策略需要综合考虑多个因素，包括项目特点、公司实力、商誉、竞争对手情况等。通过深入了解项目、评估自身经营管理实力、制订投标计划、组建专业团队、编写高质量投标项目建议书、分析竞争对手、合理定价、关注风险因素、加强沟通与合作，以及遵守法律法规等策略，可以提高国际特许经营权项目投标的竞争力和成功率。编制竞标策略具体实施路径如下。

1. 深入了解项目

对项目的背景、目标、范围、自然地质条件、自然保护区、部落保护区等社会自然环境、水文气候条件、技术规格、法律法规等开展全面深入的调查；分析项目的市场潜力和盈利能力，确保项目的商业可行性。

2. 评估自身实力

对公司的技术成熟度、资金实力、项目管理能力、运营效益等进行客观评估；明确公司是否有能力承担项目的建设、运营和移交任务。

3. 制订投标计划

根据项目特性和要求，制订详细的投标计划，明确投标时间、人员分工、任务安排等。

4. 组建专业团队

组建由技术、环保、财务、法律、商务等专业人员组成的投标团队；实施标准化培训和能力认证，确保团队具备足够的能力和素质。

5. 编写高质量投标项目建议书

根据股东要求，编写高质量的投标项目建议书，并最终形成项目投资的商业计划。投标项目建议书应清晰、准确地表达投标策略分析、投标意图、融资策略、技术方案、技术和商务条件假设、竞争对手分析等核心内容。

6. 合理定价

基于特许经营权项目全生命周期成本分析，包括施工期的建设投资、运行维护成本等，科学确定投资回报率目标，制定合理的投标价格（运营期的许可收入），确保投标价格具有竞争力的同时满足股东回报预期。

7. 关注风险因素

系统识别和分析项目可能面临的风险因素，如政治风险、经济风险、技术风险、环保风险、征地风险、物流运输风险等，制定相应的风险应对措施和预案，确保项目的顺利实施。

8. 加强沟通与合作

与监管机构、市场潜在的合作方及其他重要利益相关方保持良好的沟通和合作；及时了解主要利益相关方的需求和期望，争取获得更多的支持和帮助。

9. 满足法规监管要求

严格遵守国际和国内的法律法规，确保投标过程合法合规；避免任何违法违规的行为，维护企业声誉和形象。

3.2 竞标策略超越实践

3.2.1 方案编制和标准制定

1. 参与项目可行性方案编制

巴西能源研究中心定期发布电网发展滚动规划，监管机构同步发布年度招标计划，并分批次至少提前一个月发布招标项目公告。公司竞标团队会在公告期内同步开展项目协同性分析及竞标准备工作。在美丽山二期项目中，巴控公司从政府机构启动前期电网送出工程方案比选论证及可行性研究阶段就提前介入，较常规项目提前一年以上获取项目信息。通过这种前置介入方式，巴控公司不仅准确掌握了项目实施要点和难点，更突破了传统项目需待公告期才启动标书准备的局限。

2014年4月4日，巴西矿产能源部正式通知巴西能源研究中心，要求按照已公布的美丽山送出项目送出方案比选报告（R1）推荐的特高压直流输电方案，启动美丽山二期项目技术规范书（R2）可研编制工作。鉴于巴控公司在美丽山一期项目R2可研工作中的突出贡献，巴西能源研究中心再次邀请巴控公司与巴西电力监管局、巴西国家电力调度中心、巴西国家电力公司、巴西电力科学研究院等单位共同参与美丽山二期项目的R2可研工作。

2014年4月30日—10月30日，在国网国际公司的统一协调组织下，国家电网专家团队全程参与了巴西能源研究中心组织的美丽山二期项目R2的编制工作。美丽山二期项目R2可研工作范围主要包括系统和动态等值模型、电磁暂态、阻抗扫描、动态研究、多馈路研究、技术规范及要求等内容。应巴西能源研究中心的请求，国家电网专家团队还承担了R2核心任务——美丽山二期项目的PSCAD电力系统数字仿真建模分析工作。

2014年12月下旬，巴西能源研究中心正式发布美丽山二期项目R2可研报告，明确工程规模为新建±800kV直流输电线路约2500km，配套新建400万kW±800kV欣古换流站和385万kW±800kV里约终端换流站，线路跨越巴西帕拉州、托坎廷斯州、戈亚斯州、米纳斯州、里约州5个州。

2. 遵循国际标准

2015年美丽山二期项目招标文件明确了标准的执行优先级。优先采用巴西标准，如果巴西没有相关标准，依次采用国际电工委员会（IEC）的标准和美国标准。尽管招标文件中没有提到中国标准，但美丽山二期项目建设推动多项中国直流技术标准上升为IEC的标准。在工程建设期间，国家电网积极参与国际标准制定，在国际上建立了完整的特高压交直流、智能电网技术标准体系，掌控了标准主导权。

3.2.2 与第三方签订预合同

预合同（又称预约合同）是合同法中的一种特殊合同形式，是当事人根据现实需要，就未来具体合同的内容达成初步一致，以确定合同的成立和履行的合同。预合同的主要特点是对未来合同内容细节的不确定性，诸如具体的义务、权利、履行方式等细节并未在预合同中明确规定，需在后续正式合同中确定。预合同虽然本身不具备完整的法律约束力，但当事人双方都有义务诚实信守，不能单方面撤销或修改。

1. 预合同风险防范

在工程项目管理和商业合作中，预合同价格锁定、风险防范、捆绑投标、荣辱与共及利益共同体等概念各自扮演着重要角色并存在一定的关联。通常情况下，在特许经营权竞标成功后，甲乙双方应签订正式合同；若竞标失败，预合同随即终止，且乙方不得为同一项目向市场上的其他投资方提供服务。

（1）价格锁定。预合同价格锁定是在项目正式启动前，通过预合同的形式将合同的主要内容及关键要素（如技术及商务条件、量价计付及风险分担约定）提前确定，以降低后续不确定性。这种做法可以确保项目双方在价格方面达成共识，并为后续正式合同谈判筑牢基础。然而，价格锁定也可能带来一定风险，如市场变化导致价格波动，或项目需求变化导致价格需要调整等。对于预合同条款中未明确的，应在正式合同中进一步明确界定。

（2）风险防范。风险防范指在项目执行过程中，通过一系列措施，转移、降低或消除潜在风险发生的概率及其影响。在工程项目中，风险防范通常涉及法规、环境、制度等方面。为防范风险，项目团队需对项目进行全面评估，识别潜在风险，并制定相应的应对措施。同时，项目团队还需时刻保持高度警惕，及时发现和处理风险事件。

（3）捆绑投标。在特许经营权竞标场景下，投资方为获取具有市场竞争力的报价，会与 EPC 承包商签订预合同，并设定排他性条款（不允许承包方向市场上竞争方提供合同服务）共同参与特许经营权竞标，即捆绑投标。在现场竞标环节，允许承包商继续降价以提高竞争力。

（4）荣辱与共。荣辱与共是一种道德观念和价值取向，强调合作过程中共同分享荣耀和承担失败责任。在工程项目中，荣辱与共的理念有助于促进项目团队之间的紧密合作和相互支持，共同面对挑战和困难。通过分担合理风险、共享成功经验、共担失败教训，项目团队得以不断学习和成长，提高项目的执行效率、质量和投标的竞争力。

（5）利益共同体建立。利益共同体是由具有共同利益诉求、目标和价值观的人或组织构成的社会集体。在工程项目中，利益共同体可能包括项目团队、业主、承包商、供应商等各方。通过构建利益共同体，各方可以聚焦项目整体利益，加强合作和协调，提高项目投标的竞争力及项目的执行效率和质量。同时，利益共同体还可以促进各方之间的信息共享和资源整合，实现互利共赢。

2. 预合同与项目采购之间的联系

预合同与项目采购之间的联系主要体现在以下几个方面：

（1）预合同可能作为项目采购的前置阶段。在国外特许经营权项目公开竞标阶段，投资方尚未取得项目的合法投资权。此时，选择供应商或承包商有两种途径。一是自行估价并设定边界条件以形成商业计划，赢得项目特许经营权后，再开展招标采购并签订合同；二是通过招标先与潜在供应商或承包商签订预合同，明确双方未来合作的基本意向与原则，赢得项目特许经营权后再进行正式的合同谈判、尽职调查及签约流程。

（2）共同服务于项目顺利进行和交易达成。预合同和项目采购都是为了在当事人之间建立一种明确的法律关系，明确双方的权利和义务，确保项目顺利进行和达成交易目的。

（3）均须遵守相关法律法规和规定。无论是预合同的签订还是正式合同谈判、签约，均须遵守相关法律法规和规定，确保整个过程合法公正。

3. 竞标中预合同应用实践

项目采购管理工作能在一定程度上影响特许经营权项目的投标竞争力。投标前，国家电网海外直流工程建设领导小组在巴西设立美丽山二期项目竞标委员会，负责组织预合同采购事宜。巴控公司在参与项目特许经营权投标前，需确定上述大部分关键采购的供应商，并与之签订预合同，捆绑投标，即项目主要采购工作在投标前就要完成。在确定采购策略后，巴控公司详细规划了采购内容、方式、工作分工和承担单位等。项目业主采购管理计划的主要内容见表 3-1。

表 3-1　项目业主采购管理计划的主要内容

采购内容	采购方式	主要采购管理工作	负责单位
换流站 EPC 总承包，包括：勘测，工程设计，成套设计，所有设备/材料采购，土建施工，安装工程施工，调试	分 1 个标段招标采购	EPC 招标文件编制并发出	国网国际公司、巴控公司
		技术规范书编制、修订	国网经研院
		技术规范书审核	国网直流建设部
		EPC 预协议编制、修订	巴控公司
		保密协议起草并发出	巴控公司
		实施招标、澄清、评标、价格谈判，签订预协议	国网国际公司、巴控公司、国网经研院

(续)

采购内容	采购方式	主要采购管理工作	负责单位
线路EPC总承包，包括：勘测，施工图设计，塔材和导线以外的所有设备/材料采购，土建施工，铁塔组立、放线施工，调试	分10个标段招标采购，每家限3个标段	EPC招标文件编制并发出	国网国际公司、巴控公司
		线路工程量测算，技术规划书编制、修订	巴控公司、巴西当地设计公司
		线路、环保现场考察	巴控公司、巴西当地设计公司
		EPC预协议编制、修订	巴控公司
		实施招标、澄清、评标、价格谈判，签订预协议	国网国际公司、巴控公司
输电导线	招标采购	发出询价书	巴控公司
		获得各供应商提交的技术方案和第一轮报价	巴控公司
		完成招标、评标、价格谈判，签订预协议	巴控公司
铁塔钢材	招标采购	发出询价书	巴控公司
		获得各供应商提交的技术方案和第一轮报价	巴控公司
		完成招标、评标、价格谈判，签订预协议	巴控公司
环评服务商	分1个标段招标采购	实施询价、预审、澄清、谈判，签订预协议	巴控公司
征地服务商	分3个标段招标采购	实施询价、预审、澄清、谈判，签订预协议	巴控公司

根据上述采购管理计划，除铁塔钢材、导线这两项主材及环评、征地等专业服务商由业主直接采购，项目建设所需其他所有设备/材料和勘测设计、施工等服务商都由中标的换流站和线路工程EPC承包商负责采购。因此，巴控公司明确要求中标的各EPC承包商必须首先策划编制包括承包

商采购管理计划在内的项目建设管理大纲，采购管理计划需明确承包商采购内容目录、进度计划、供应商名录、采购质量管理办法等内容，项目建设管理大纲报巴控公司审批后方可执行。

3.2.3 财务模型

国际特许经营权项目财务管理是关键核心环节。

传统项目以成本管控为主，在确定的范围内，按规定的时间、预算和质量要求实现项目目标。国际特许经营权项目财务管理从项目前期、工程前期到投运阶段的内容如下：

（1）项目前期。项目前期的竞标财务估值模型、投资测算和投资回报敏感性分析直接决定报价，报价直接决定能否中标。

（2）工程前期。工程前期的实施模式、融资方案、EPC询价、环评征地，以及技术方案和主设备选型，直接影响项目总投资测算。

（3）投运阶段。投运阶段的处罚条款、运维成本，例如，运维材料、备品备件、应急保障措施等，都将直接影响项目收益和价值。

项目财务管控以财务数据为基础，以价值为导向，驱动项目全生命周期商业计划目标实现。为此，在项目全生命周期构建财务模型，对通胀指数、汇差（损益）成本、融资方案、采购价格波动、运维成本、工期安排、工程投资等商业计划的相关因素进行成本控制和收益预测，是决定项目竞标成败的关键。

项目中标后，应全面确认财务分析模型的各种边界条件及估值假设，并形成项目商业计划。在项目实施过程中，项目公司必须建立定期跟踪分析机制，确保商业计划中所有影响投资回报预期目标的关键因素，包括工程项目里程碑进度、建设成本、通胀指数、汇率波动、融资方案、运维成本等，处于可控、在控、能控状态。

美丽山二期项目财务模型将通过估值假设、投资回报分析、投资回报敏感性及影响因素分析三个模块进行阐述，并从基本理念和共性特征角度进行普适性介绍。鉴于项目的独特性，本节涉及的具体财务数据或参数均为虚拟设定，不作为标准或参考数值使用。

1. 估值假设

所有商业计划都是在假设基础上编制而成，没有假设就没有计划、没有假设就没有预测。在美丽山二期项目的成本估算和价值预测中，分别对估值区间、项目总投资、年度许可收入、通胀率、融资方案及利率做出了假设。这些假设为以后类似的特许经营权项目的财务管理提供了启迪和借鉴。

（1）估值区间说明。估值区间是商业计划和投资回报预测的范围边界和基础。美丽山二期项目建设期计划为50个月，特许经营权经营期计划（含建设期）为30年，项目预计2019年12月投入商业运行，实际于2019年8月22日提前100天投入商业运行；项目动态总投资100亿雷亚尔；预计投产后3年内通过分红收回全部股东注资。有关项目里程碑节点为：

特许经营权合同签订日：2015年10月22日。

环保预许可证书：2016年10月。

安装许可证书：2017年4月。

过桥贷款第一次提款：2017年4月。

巴西经济社会发展银行（BNDES）长期贷款第一次提款：2017年12月。

长期债券第一次收款：2018年2月。

第3章 竞标策略超越

商业运行日期（COD）：2019 年 12 月。

（2）项目总投资估算。项目总投资是财务管理和投资回报计算的重要影响因素。项目总投资直接影响投资回报、融资需求等，因此，在项目财务管理中需充分考虑设备、材料、环保、征地、安全等成本要素。在建设过程中，根据工程现场环境和市场价格波动等情况，需事前防范、实时跟踪、动态测算、及时补救，以确保商业计划目标的实现。美丽山二期项目动态投资总估算为 100 亿雷亚尔，通过预合同锁定价格、优化融资方式等风险防范措施，确保项目提前完工投运，并节约项目投资。项目总投资估算内容见表 3-2。

表 3-2　项目总投资估算内容（数据略）

序号	成本项目	假设估算
一	线路	
1	EPC（含接地极线路）	
2	导线	
3	塔材	
二	换流站	
1	本地部分	
2	进口部分	
三	环保	
1	环保管理	
2	环保补偿	
3	环保其他费用	
四	征地	
1	征地管理	
2	征地补偿费用	
五	其他投资	
1	业主工程师	

(续)

序号	成本项目	假设估算
2	履约保函	
3	工程保险	
4	间隔设备共享费	
5	可研费用	
6	换流站电源	
7	管理及其他费用	
六	设计变更	
1	消防加强	
七	生产运维准备费用	
1	运维基地征地和建设	
2	运维管理费用	
3	运维工器具备品备件	
八	工程总投资	
	财务费用	
九	现金总投资	
	应计长期贷款利息	
十	动态总投资	

（3）年度许可收入（RAP）假设。在特许经营权项目的财务分析、预测和管理中，RAP 是核心考量因素。进行 RAP 假设时，需充分考量折扣率、通胀率、总投资金额、工期进度、运维成本等变量。在竞标环节，尤其需要构建上述因素变动对内部收益率（IRR）和净现值（NPV）的影响模型，以预测不同 RAP 折扣率对商业计划目标收益的偏离程度。美丽山二期项目通过建立财务预测模型，成功验证多种假设条件下的 RAP 预测值，最终以 20% 的折扣率报价竞得该项目。2015 年初，巴西电监会（ANEEL）确定采用约 8.5% 的加权平均资本成本（WACC）作为最大 RAP 的测算基准。RAP 除需根据通胀率进行年度调整，在项目实施后的前 15 年间还需

对RAP折减率实施3次周期性调整，调整间隔为5年一周期。RAP周期性调整假设数据见表3-3。

表3-3　RAP周期性调整假设数据表

RAP 周期调整		
调整次数	假设变动率	年份
第一次	+1.6%	2021年
第二次	+0.07%	2026年
第三次	+0.04%	2031年
⋮		

（4）通货膨胀率（IPCA）假设。通货膨胀率、利率、汇率是关键影响因素之一，对特许经营权项目的RAP的结算、大型国际工程项目总投资影响巨大。在预测收益假设中，需要建立通胀率、利率、汇率的参照基准。巴西通货膨胀系数、利率及美元对雷亚尔汇率，均以2019年10月巴西央行发布的《焦点报告》（Focus Report）为准；长期国债贷款利率（TJLP）依据货币委员会发布的规则测算，并假设2020年以后保持不变。通货膨胀率、美元汇率（USD/BRL）、央行基准利率（SELIC）和长期国债贷款利率等宏观经济指标及假设见表3-4。

表3-4　宏观经济指标及假设数据表

宏观经济指标及假设数据	2019年	2020年
通货膨胀率（IPCA）	3.3%	3.3%
美元汇率（USD/BRL）	4.00	4.00
央行基准利率（SELIC）	4.5%	4.5%
长期国债贷款利率（TJLP）	5.2%	5.2%

（5）税务假设。税务是收益预测无法规避的影响因素。在进行税务假设时，需熟悉当地税务法规和政策，尤其是各种税率、优惠政策，以及各

州的政策差异，以减轻税务对商业计划目标收益的影响。美丽山二期项目采用实际利润法计算所得税，由于线路经过的帕拉州（PARA）和托坎廷斯州（TOCANTINS）在亚马孙流域投资税务10年优惠（SUDAM）范围内，52%的收入考虑了SUDAM税务优惠。SUDAM税务优惠可使所得税减少75%，但不影响针对企业收入征收的PIS/CONFINS等其他税金。公司所得税率为25%，考虑该税务优惠后，项目平均所得税率假设为16%。

（6）融资方案假设。不同的融资方案会带来不同的财务成本，进而直接影响项目收益，因此在竞标时需充分考虑融资方案。美丽山二期项目竞标策略的融资结构假设为：股东注资占40%，基础设施债券占比32%，BNDES贷款占比28%。融资结构如图3-1所示。

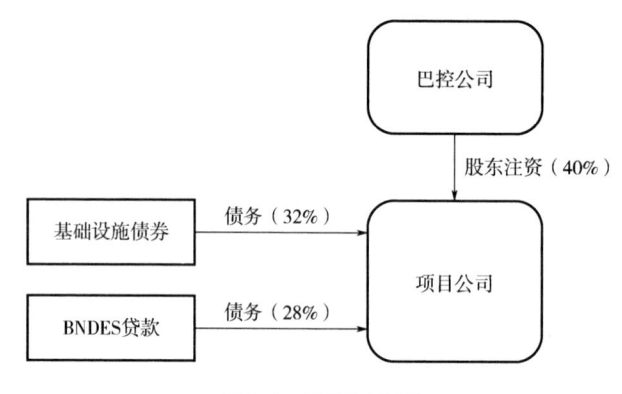

图3-1　融资结构图

（7）融资利率假设。通过优化融资结构，选择最佳利率融资，能有效降低项目财务费用（利息），对商业计划目标收益有着积极的价值贡献。美丽山二期项目采用复合融资方案，对融资利率做出如下假设：

1）过桥贷款。BNDES长期贷款申请的前提条件是取得施工许可（LI）。在取得LI之前，项目公司的资金缺口将通过过桥贷款和股东注资解决。BNDES 长期贷款到位后，将替换过桥贷款。预计 BNDES 过桥贷款平均利率为 TJLP+6.0%（13%）。

2）BNDES 贷款。本项目可计入 BNDES 贷款计算基数的金额为项目总资本性支出的 56%。进口设备和土地购买款不计入 BNDES 贷款计算基数。BNDES 可按贷款计算基数的 50% 提供贷款，即总资本性支出的 28%。其他贷款条件如下：

①贷款期 14 年。

②利率为 TJLP+2.18%（直接贷款）。

③若使用基础设施债券，则需进行抵押。

④1/3 的部分为商业银行间接贷款，利率比直接贷款高 2%。

⑤竞标策略中，BNDES 长期贷款利率假设为 TJLP+2.85%。

3）基础设施债券。美丽山二期项目的基础设施债券分三期发行，时间分别为 2018 年 2 月、2019 年 2 月和 2020 年 2 月。竞标时，基础设施债券利率假设为 IPCA+8.2%。基础设施债券贷款期限分别为 15 年、14 年和 13 年。

4）股东注资。美丽山二期项目的股东注资占总投资的 40%，股东注资主要分为三个阶段：

①建设初始阶段，即取得过桥贷款之前。

②BNDES 长期贷款不足时。

③建设后期计划使用股东预注资，以弥补第二期和第三期债券到位前的资金缺口。在取得第三期债券后，预计于 2021 年 1 月返还股东预注资。

返还股东预注资可能被巴西税务机关认定为股东贷款，从而需缴纳金融交易税。另外，由于减资需取得巴西电力监管局的批准，经 BNDES 同意，也可考虑将预注资改为股东贷款。

2. 投资回报分析建模

投资回报分析主要有净现值、投资回报率、内部收益率、回收期等指标。美丽山二期项目竞标早期，构建了财务模型以辅助决策。通过投资回报计算模型，分析不同条件下，对应首年不同 RAP 折减率变化时的回报。项目投资回报分析通常由财务专业人员负责，在本书的投资回报分析中以现金流分析模型和 IRR 分析模型进行概念简述。

（1）现金流分析模型。现金流分析模型用于评估项目或投资的现金流入和流出情况，以帮助判断其财务可行性。以下是常见的现金流分析模型及其关键要素：

1）现金流分析模型基本要素。

①现金流入：项目产生的收入，如 RAP、投资收益等。

②现金流出：项目的支出，如初始投资、运维成本、税费等。

③净现金流：现金流入与现金流出的差额，计算公式为：净现金流 = 现金流入 - 现金流出。

2）现金流分析模型核心指标。

①净现值（NPV）。

a. 定义：净现值是将未来现金流折现到当前时间点的总和。

b. NPV 计算公式如下：

$$NPV = \sum_{t=0}^{n} \frac{C_t}{(1+r)^t}$$

式中，C_t 为第 t 期的净现金流；r 为折现率（通常为资本成本或预期回报率）；t 为时间期数；n 为总期数。

c. 决策规则：

NPV>0：项目可行。

NPV<0：项目不可行。

②盈利能力指数（PI）。

a. 定义：盈利能力指数是未来现金流的现值与初始投资的比率。

b. PI 计算公式如下：

$$PI = \frac{未来现金流的现值}{初始投资}$$

c. 决策规则：

PI>1：项目可行。

PI<1：项目不可行。

（2）IRR 模型。IRR 是使项目 NPV 为零的折现率，计算公式如下：

$$NPV = \sum_{t=0}^{n} \frac{C_t}{(1+IRR)^t} = 0$$

式中，C_t 为第 t 期的现金流；t 为时间期数；n 为总期数。

计算步骤：

1）确定现金流：列出各期的现金流。

2）设定 NPV 公式：将现金流代入 NPV 公式。

3）求解 IRR：通过试错法或数值方法（如牛顿法）找到使 NPV 为零的 IRR。

IRR 用于评估项目盈利能力，通常与预期回报率或资本成本比较，以决定项目是否可行。在此基础上，继续进行投资回报敏感性分析和 RAP 折减率影响分析。

3. 投资回报敏感性及影响因素分析

投资回报敏感性分析是一种评估投资决策中关键变量变化对投资回报或 NPV 等财务指标影响的方法。通过这种分析，投资者能够了解不同假设条件下投资项目的表现，进而更好地评估风险和不确定性。

（1）影响 IRR 的主要因素及敏感性分析。美丽山二期项目通过分析工程投资通胀指数、融资成本、PV 扣减、运维成本、工期提前、工程投资等影响因子，模拟得出 IRR 基准参考值。IRR 主要影响因素及敏感性影响变化见表 3-5。

表 3-5　IRR 主要影响因素及敏感性影响变化表

目标 IRR（假设）	影响因子	影响程度	对折减率影响程度	报价折减率	对 IRR 影响程度	实际 IRR	备注
8.5%	通胀	+0.5%	+1.2%	20.0%	1.10%	7.90%	相关影响属于非线性关系
	融资利差	−0.2%	+0.7%	20.0%	0.64%	7.44%	
	PV 扣减降低	−1%	+0.5%	20.0%	0.45%	7.25%	
	运维成本	−10%	+0.5%	20.0%	0.45%	7.25%	
	工期提前	30 天	+0.3%	20.0%	0.30%	7.10%	
	工程投资降低	−1%	+0.5%	20.0%	0.45%	7.25%	

注：表中为虚拟数据。

根据美丽山二期项目 IRR 敏感性影响变化分析，每节约投资 4 亿雷亚尔，或提前投产 3 个月，又或 RAP 打折率降低 1.1%，均可提升投资回报率 1%。

投资回报敏感性分析具体结论如下：

1）工程投资节约 1%，影响 0.45%IRR。

2）PV 扣减减少 1%，影响 0.45%IRR。

3）工期提前 1 个月，影响 0.3%IRR。

4）建设成本减少，收益提高。

在投资回报敏感性分析的基础上，通过对不同相关因素对 IRR 的影响进行分析，能够得到预期 IRR 值。同时，依据预期 IRR 降低或增加的百分点，测算 RAP 折减率可增加或减少的百分点。为此，通过对不同相关因素对 IRR 的影响的分析，倒推出其对 RAP 折减率的影响。RAP 折减越多，则竞争力越强。

（2）融资关系及汇率对 IRR 敏感性分析。可以进一步分析不同的融资方案及汇率波动对投资回报的敏感性分析影响因素说明（见表3-6）。

表 3-6　融资方案及汇率波动对投资回报敏感性分析影响因素说明

变化因素	对名义 IRR 影响	影响因素说明
通货膨胀率（IPCA）	正影响（+××%）	• 名义资本性支出增加（××亿雷亚尔） • 长期债券成本增加（××亿雷亚尔） • RAP 增加（运营期累计增加××亿雷亚尔）
长期国债贷款利率（TJLP）	正影响（+××%）	• BNDES 银行长期贷款利息成本增加（××亿雷亚尔） • RAP 周期调整增加（××亿雷亚尔）
从商业银行过桥贷款变更为 BNDES 银行贷款	正影响（+××%）	• 长期贷款到位前需要更多股东注资（预注资××亿雷亚尔） • 减少过桥贷款利息成本（××亿雷亚尔）
减少 BNDES 银行长期贷款本金	负影响（-××%）	• BNDES 银行长期贷款本金降低（××亿雷亚尔） • 长期债券本金增加（××亿雷亚尔）
新增初期现金流入	负影响（-××%）	• 资本性支出进度提前 • 股东临时性注资增加（××亿雷亚尔）
汇率贬值加剧，采用无本金交割远期避险工具	负影响（-××%）	

3.2.4　竞标报价策略

1. 项目竞标策略

项目竞标策略是依据项目基本造价和项目回报率的测算结果，遵循国家电网确定的投标总体原则，运用财务模型模拟测算公司首年许可收入打折率的各类情景与结果，进而确定特许经营权竞标报价，即许可收入打折率的底线。

2015年7月3日至8日，投标团队完成了环保、征地赔偿费用等测算工作，并与服务商签署预协议；完成了项目管理费、不可预见费、社会公益费、运维费、PV扣减（公司年收入扣减）、系统接入费等费用的初步测算；搭建并校验了财务分析模型，对财务模型进行了最后优化调整，从而测算出项目基本造价和项目回报率。

从项目总投资、融资结构、融资成本、回报率要求、年度运维成本及PV扣减率的取值等多个维度，对财务模型各变量开展敏感度分析，研究潜在竞争对手的投标底线，以及首轮出价的概率，按照首轮出价不被对手淘汰出局的原则确定了首轮出价。

2. 正式投标

2015年6月17日，巴西电力监管局正式发布美丽山二期项目招标公告，定于2015年7月17日正式招标。

2015年7月17日上午10时，项目开标仪式在巴西圣保罗证券交易所举行。国家电网高管团队亲赴巴西指导美丽山二期项目投标工作。

此次特许经营权竞标共有三家公司参与，除了巴控公司，另外两家分别是巴西国家电力公司和西班牙奥本加公司。

在竞标方案中，需特别考虑商务报价策略。根据巴西特许经营权竞标规定，若首轮竞标最低报价方的折扣率不小于其他竞标方5.0%，即可成功中标。若与其他竞标方的报价折扣率相差小于5.0%，则最低报价的竞标方与折扣率相差小于5.0%的竞标方将一同进入竞标拍卖阶段，在现场举牌竞价，直至一方胜出。

巴控公司首轮即以恰好胜出的报价独立中标美丽山二期项目，报价精准，既赢得了项目，又最大限度地保障了公司收益。主持人当即宣布巴控公司中标，并现场签署了中标通知书。

3.2.5 竞标组织与职责

1. 竞标组织

为保障投标工作有序开展，争取美丽山二期项目成功中标，特许经营权竞标工作分为准备工作和前方工作。

（1）准备工作。竞标前准备工作主要包括以下内容：

1）开展现场踏勘。

2）收集环评征地资料。

3）进行顾问选聘和竞争对手分析。

4）开展EPC询价准备，确定竞标合作相关方。

5）完成直流系统和换流站技术方案的研究和优化，聘用巴西当地专业公司收集电网运行方式和数据，并加强与ONS的沟通协调，进一步明确技术边界条件。

（2）前方工作。前方工作主要包括以下内容：

1）完成换流站地址比选和线路路径优化。

2）开展换流站、线路工程和通信中继站工程EPC询价，完成总投资测算。

3）研究项目实施模式、融资方案、价值模型和投资回报敏感性分析。

4）提出竞标策略建议，完成现场竞标。

巴西前方竞标团队成立了前方竞标工作委员会，下设综合协调、环评征地、换流站工程、线路工程、财务融资与税务、运行维护、合同法律7个小组。前方竞标工作委员会组织结构如图3-2所示。

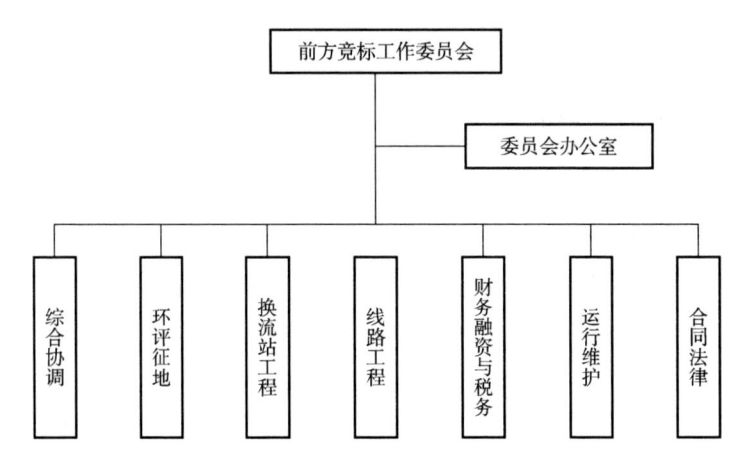

图3-2 前方竞标工作委员会组织结构图

国内竞标领导小组的主要职责是贯彻国家电网党组指示，研究决策重大事项，对竞标工作提出指导意见。

领导小组办公室设在国家电网总部国际部，在领导小组的指导下，负责总体协调和推进项目竞标工作。具体职责为牵头组织向领导小组汇报项目进展情况，协调与国家电网总部各部门、公司各单位和外部有关单位的工作联系，组织各单位贯彻落实领导小组的指导意见，跟踪工作完成情况。

2. 竞标组织工作关系

美丽山二期项目在早期就得到了国内关键利益相关方的支持和重视。参与竞标的核心单位主要有国家电网国际部、国家电网特高压部、国网国际公司和巴控公司，以及中电装备公司、经研院、电科院、直流技术中心、特高压建设公司。美丽山二期项目竞标组织工作关系见图3-3。

第 3 章 竞标策略超越

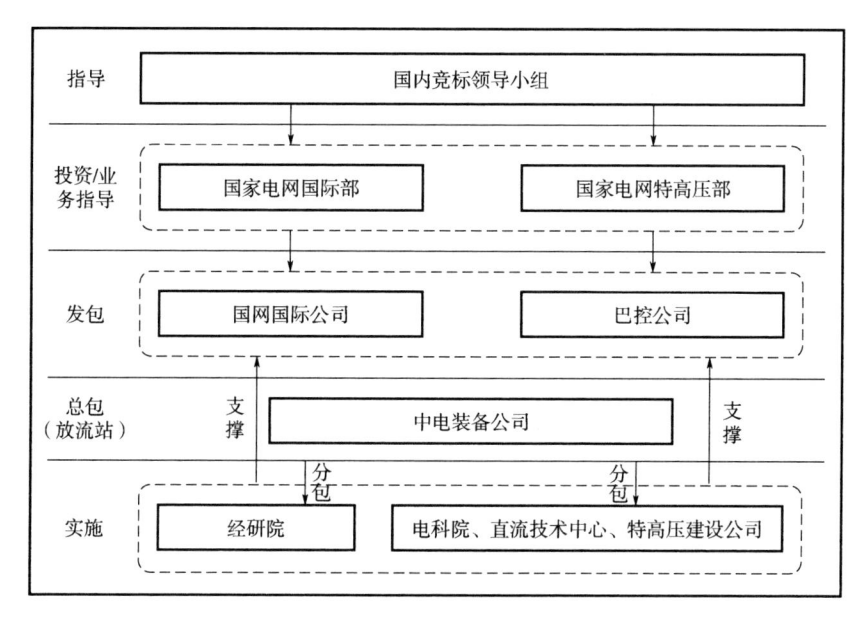

图 3-3 美丽山二期项目竞标组织工作关系图

竞标小组各部门、各单位既分工又合作，协同完成竞标工作，各自的具体职责如下：

（1）国家电网国际部。负责组织协调和推进竞标工作，指导、帮助各单位开展工作。

（2）国家电网特高压部。负责对项目技术可行性方案提出工作指导意见；指导开展直流预成套设计及主设备技术规范书编制；指导换流站 EPC 技术参数和主设备选型工作。

（3）国网国际公司与巴控公司。组建前后方工作团队，具体负责特许经营权投标工作。在国家电网特高压部的指导下，在相关单位的配合支持下，完成换流站选址和线路路径优化；开展换流站、线路工程和通信中继站工程的 EPC 询价及所有属地服务询价、采购等，完成总投资测算；研究项目实施模式、融资方案、估值模型和投资回报敏感性分析；提出竞标策略建议，完成现场竞标，协助办理赴前方工作人员的出国手续和签证等工作。

（4）中电装备公司。负责参与制定换流站工程EPC总承包实施工作方案，提出有竞争力的EPC报价；参与换流站工程技术方案的讨论和研究工作，配合开展工程量清单测算等工作。

（5）经研院。负责直流系统设计和方案优化，工程系统集成，开展预成套设计和主设备技术规范书编制工作。

（6）电科院、直流技术中心、特高压建设公司。负责为项目特许经营权投标提供直流技术和工程建设等方面的专业支撑。

3.3　竞标策略超越小结

在美丽山二期项目中，通过参与项目可行性方案编制与标准制定、签订预合同、构建财务模型，以及竞标报价策略分析研判等措施，实现了对传统项目投标策略的超越。

1. 方案编制和标准制订超越

通过早期参与送出技术方案的论证与研究工作，最终推动巴西国家电力监管机构在美丽山水电站送出工程项目中采纳了±800kV特高压直流送出方案，为美丽山二期项目的竞标奠定了技术竞争优势的基础。美丽山二期项目的建设促使中国直流输电技术标准成为IEC标准，掌握了特高压领域标准主导权，在工程建设期间直接被作为特高压直流输电技术国际标准使用。

2. 签订预合同超越

通过与第三方签订预合同，形成利益共享、风险共担的利益共同体，在竞标中锁定价格、捆绑投标，有效降低了风险。

3. 财务模型超越

传统项目管理在项目阶段早期仅负责项目实施成本的概算和估算，而在美丽山二期项目的竞标财务模型中，通过充分的估值假设，构建了投资回报分析模型，并对相关影响因素进行投资回报的敏感性分析，为项目竞标提供了重要的决策数据和依据。同时，从项目价值角度出发，分析了通胀变化、融资成本、运维成本、工期提前等因素对投资回报的影响。无论是在财务管理的广度上还是在深度上都超越了传统项目成本管理。

4. 竞标报价策略超越

通过构建科学的财务模型和设计合理的竞标报价策略，最终在第一轮报价中，以低于第二名报价 5.0%（实际 4.96%）的优势直接胜出，既赢得了项目，又最大程度地保障了公司的利益。

5. 竞标组织超越

传统项目管理在前期仅以提供技术支持的方式参与竞标，在项目立项之后才正式成立项目组织。美丽山二期项目在项目早期的竞标中就明确了后方和前方（现场）的工作职责，同时针对前方成立了竞标工作委员会，清晰界定了竞标参与方的工作关系和职责，为成功中标提供了组织保障，在竞标组织介入的时间和参与深度上都超越了传统项目管理。

第4章 组织与治理超越

4.1 项目组织与治理综述

4.1.1 项目组织结构类型

组织结构是全体员工为实现组织目标，在管理工作中进行分工协作，在职务范围、责任、权力方面所形成的结构体系，它反映了生产要素相互结合的结构形式。

项目组织结构类型主要包括：职能型组织结构、矩阵型组织结构、项目型组织结构、混合型组织结构等。

1. 职能型组织结构

职能型组织结构按照职能将企业划分为不同的部门，每个职能部门负责处理特定的业务领域，如人力资源、财务、市场、生产、研发、采购等。职能型组织结构如图4-1所示。

职能型组织更适用于在某一个职能部门内开展的项目，由该职能部门负责人管理，根据项目需求由职能部门经理统筹分配资源。这种组织结构

第 4 章 组织与治理超越

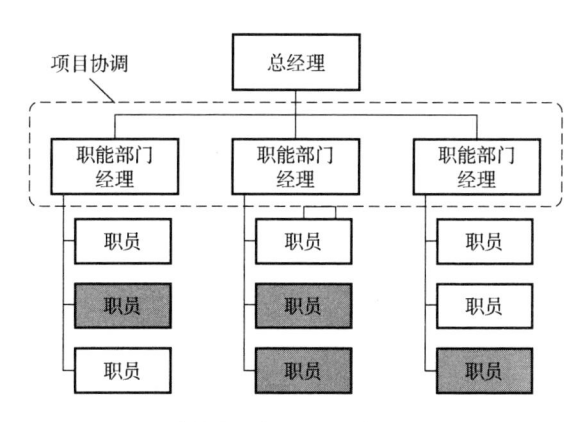

（灰框表示参与项目活动的职员）

图 4-1　职能型组织结构

的优点是职责明确，部门负责人可直接进行项目工作的安排和调配，能够快速共享和调动部门内的资源，运用部门的专业技术完成项目；缺点是跨部门资源协调困难，导致客户响应速度缓慢。职能部门经理充当项目经理角色，对于没有经过项目管理专业训练的职能部门经理来说，难免会出现管理效率不高、协调不到位、进度延误等问题。

2. 矩阵型组织结构

矩阵型组织结构整合纵向职能部门资源，完成横向项目工作任务，从各职能部门协调资源形成临时团队的一种组织形式。矩阵型组织结构如图 4-2 所示。

在矩阵型组织中，项目主战，职能主建。项目经理对项目结果负责，职能部门经理负责培养、输送资源和人才。

矩阵型组织结构可以提高资源使用效率，同时兼顾部门工作和项目工作。然而，矩阵型组织结构也存在不足，如双重管理、多头汇报、沟通与激励困难等。矩阵型组织结构更适用于需要多种专业、跨学科的项目类型。

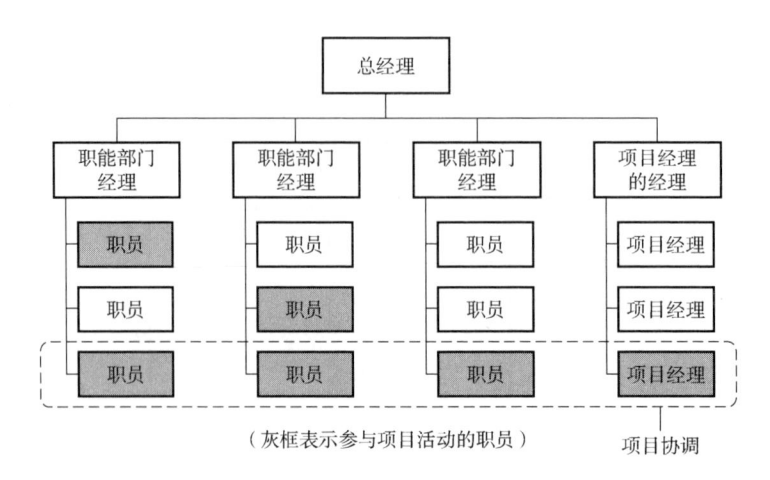

图 4-2　矩阵型组织结构

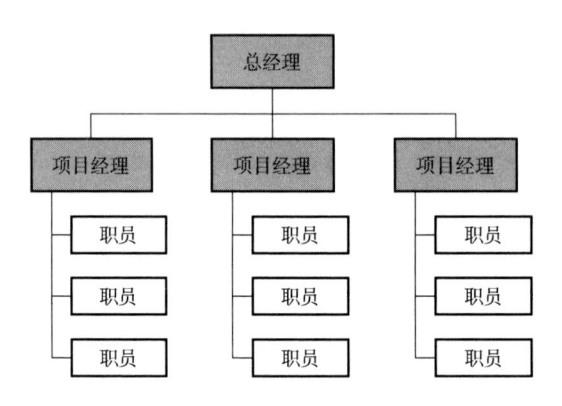

3. 项目型组织结构

项目型组织结构是针对企业项目特定任务设立的临时组织，通常跨越多个部门，由项目经理负责。项目型组织结构如图 4-3 所示。

图 4-3　项目型组织结构

项目型组织结构是最能有效支撑企业项目化管理的组织结构类型，根据项目需要，从不同部门协调资源形成团队，团队成员全职从事项目工作，并由项目经理负责。

项目型组织结构的优势在于项目经理拥有最大权力，有利于资源的管控，以及市场与客户的快速响应。项目型组织结构的不足之处为项目资源无法共享，项目成员缺乏安全感。项目型组织结构主要针对重大项目和重要项目。

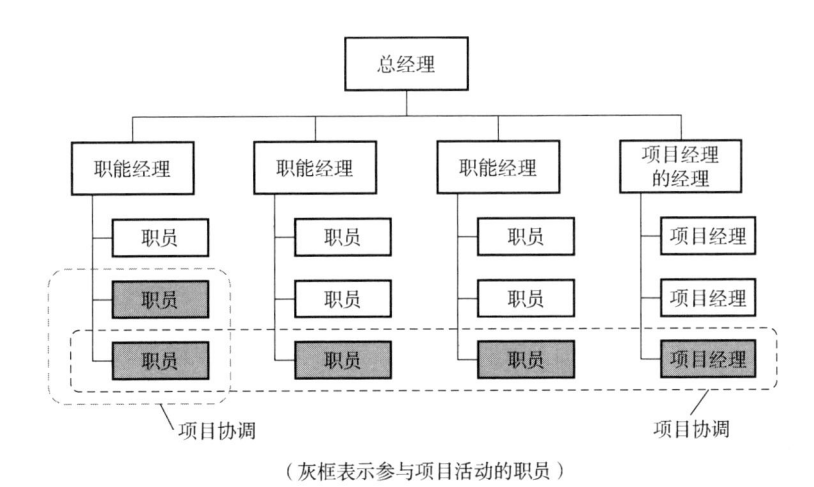

4. 混合型组织结构

混合型组织结构是职能型组织结构、项目型组织结构和矩阵型组织结构等组织结构演进的集成。混合型组织结构如图 4-4 所示。

（灰框表示参与项目活动的职员）

图 4-4 混合型组织结构

标准化产品的生产和运营采用传统的职能型组织结构，新兴产品的开发则采用项目型组织结构或矩阵型组织结构，当新兴产品成熟并可实现量产时，则又采用职能型组织结构。

职能型、矩阵型、项目型和混合型组织结构各有优点和不足，企业在选择合适的项目组织类型时，需综合考虑项目特征、目标定位、市场需求和技术复杂度等影响因素。在企业项目化管理中，各种组织类型并存。

4.1.2 项目治理综述

1. 项目治理的概念

"治理"有统治、引导与控制的含义。"治理"一词最早出现在政治领域,如国家治理,后来被借用到企业或公司等组织领域,称作公司治理。根据 PMI《项目管理知识体系指南(PMBOK®指南)》(第七版)对项目治理的定义,项目治理是通过整合框架、功能、流程形成的系统性机制,对项目管理活动实施全生命周期的指导、监督与控制,其核心在于建立决策模型,确保项目与组织的战略目标保持一致,并为项目的成功交付提供支持。项目治理涉及制定决策、分配责任和权限,以及确保项目在整个生命周期得到有效管理和监督。

项目治理的目的是通过明确的规则、流程和结构,确保项目能够高效地完成,同时满足利益相关方的期望和需求。项目治理通常包括以下关键要素:

(1)决策机制。明确有权做出哪些决策的主体和权利范围。

(2)责任分配。定义项目团队和利益相关方的角色与职责。

(3)监督与控制。保障项目按计划推进,并及时纠正偏差。

(4)资源管理。确保项目获得所需的资源和支持。

项目治理是项目成功的重要保障,能够帮助组织在复杂多变的项目环境中取得更好的绩效和成果。

2. 项目治理的内容

为构建项目的决策和监督机制,项目治理基于组织治理,明确审批角色、职责及权限,建立有效沟通机制,以结构化方式开展项目管理的指导、控制和协调工作，进而实现组织战略。项目治理具体内容如下：

（1）阶段关口或阶段审查。

（2）识别、上报并解决重大问题。

（3）开展项目知识管理并吸取经验教训。

（4）审查并批准超出项目经理权限的变更。

（5）明确伦理、社会和环境职责。

（6）执行法律、法规和标准的要求。

3. 建立项目治理体系的步骤

项目治理通过制定并实施适应性项目管理政策和流程，确保项目顺利实施、高效完成，同时提升项目的效率和效益。通过项目治理，组织能够更好地利用资源，有效满足客户/用户需求，提高产品和服务的质量与竞争力。可通过以下6个步骤建立项目治理体系：

（1）确定项目治理的目标和框架。首先，需设定项目治理的目标，涵盖提升项目成功率、提高决策效率、降低风险等。目标设定完成后，创建项目治理框架，框架应明确项目所有角色与责任、决策过程、风险管理方法，以及信息沟通机制。

（2）设定项目治理的组织结构。设定一套有效的组织结构，包括项目经理、项目执行委员会、风险管理委员会等。这些角色和责任需在项目启动前明确并传达给各成员。确保每个成员都清楚他们的职责并理解他们如何为项目成功贡献力量。

（3）制定和实施项目治理政策和程序。制定一套详尽的项目治理政策和程序，明确项目推进方式。具体涵盖明确工作流程、制定决策规则、规划风险管理步骤等内容。实施过程中，需定期更新以反映最新的最佳实践经验和反馈意见。

（4）制定并监控关键绩效指标（KPI）。设定一系列关键绩效指标衡量项目的进展和成效。这些指标包括预算使用情况、项目进度、质量指标等。定期监控它们，可以更好地了解项目的状态并据此做出相应的调整。

（5）建立风险和问题管理机制。项目风险和问题是无法避免的，但可设定一套机制来识别、评估和处理风险。在项目启动之前，需识别潜在的风险和问题，并提前设定预防和应对措施。在项目进行过程中，需持续管理和监控风险。

（6）推动持续的改进和学习。无论项目规模大小，都需不断地学习和改进。需定期审查项目的执行情况，了解执行效果及明确改进方向。

4. 项目治理与项目管理关系

项目管理主要关注"怎么做"，包括定义、规划和执行的具体实施活动，旨在通过项目实现组织的战略和运营目标。项目治理更关注"是什么"，包括决策与指导、监督并保障管理，旨在定义治理框架，确保项目的战略和运营目标得以实现。治理活动更具战略性且注重监督和指导，属于高层次的决策机制；而管理活动更具实操性，需在治理框架内开展具体工作。

4.2　组织与治理超越实践

组织与治理实践分为两部分内容：一是项目组织实践；二是项目治理实践。在项目组织实践中，具体包括项目组织关系、项目组织结构设计和项目组织结构；在项目治理实践中，包括项目总体治理结构、项目公司治理体系、项目的治理模式。

4.2.1 项目组织超越实践

1. 项目组织关系图

为满足国家电网国际化的战略需要,国家电网通过巴控公司参与巴西美丽山二期项目的投标工作。中标后的建设实施阶段,注册成立了项目公司,主要负责项目建设和运营。美丽山二期项目组织关系如图 4-5 所示。

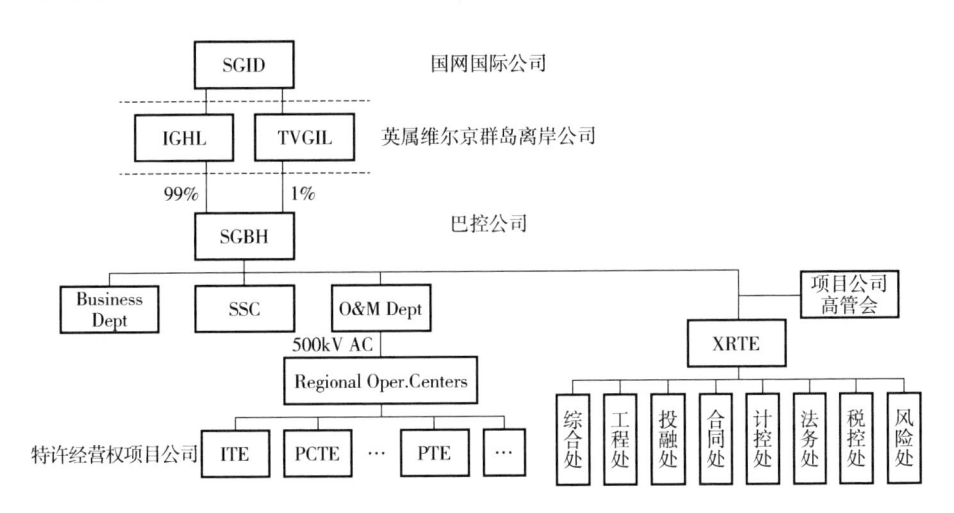

图 4-5 美丽山二期项目组织关系图

2. 项目组织架构设计

巴西国家公司法规定,公司可实行股东会、董事会及管理层制度,也可由股东直接组建高级管理委员会来决策运营管理。

项目公司的组织架构设计主要从两个维度进行考量:一是决策-管理-执行的维度;二是对外和对内的维度。项目公司组织结构如图 4-6 所示。

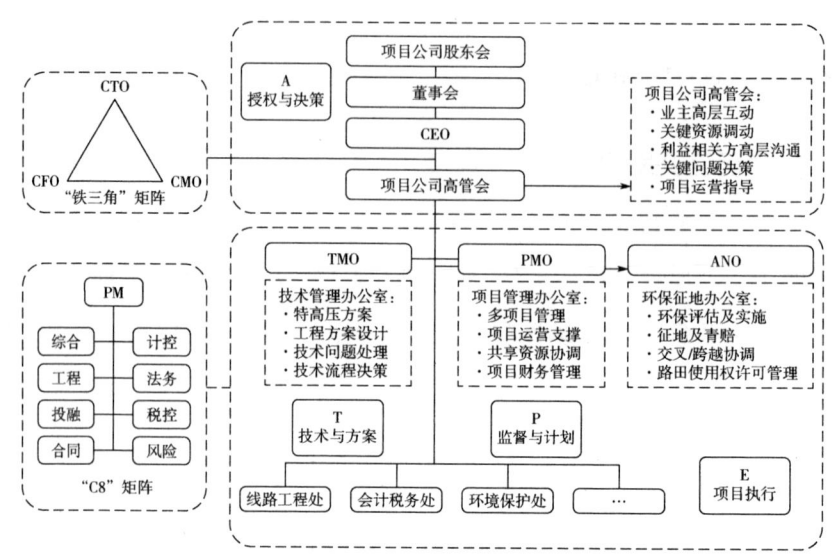

图 4-6 项目公司组织架构维度图

项目公司组织架构详细说明如下：

1）A（Authorize）是授权与决策层，主要负责高层管理、重大事项决策、项目授权等。

2）T（Technology）是技术管理层，负责特高压直流送出方案的设计，确保方案可执行。

3）P（PMO）是项目管理办公室，负责工程建设项目的实施跟进，监控项目按计划执行。

4）E（Execution）是项目任务执行小组，主要根据工程设计负责项目建设过程中的日常工作，包括工程前期、工程建设、项目采购，以及工程竣工交付的相关工作。

5）CEO 是首席执行官。

6）CFO 是首席财务官。

7）CTO 是首席技术官。

8）CMO 是首席环保官。

9）ANO（Ambiente Ngt Office）是环保征地办公室。

3. 项目组织结构

项目公司成立后，由项目经理牵头组建公司各部门，并且由 9 个业务部门支撑工程建设，明确了各专业的角色职责。这一举措旨在确保项目在全生命周期内拉通对齐，各部门协同工作，共同对项目目标的达成承担责任。需确保项目按特许经营协议交付、按投标商业方案执行，最终让利益相关方满意并达成预定的商业目标。项目成员不仅代表专业部门参与项目，还是项目组中的关键角色，他们代表项目去协调并推动内外部资源，确保工作顺利进行。美丽山二期项目组织结构如图 4-7 所示。

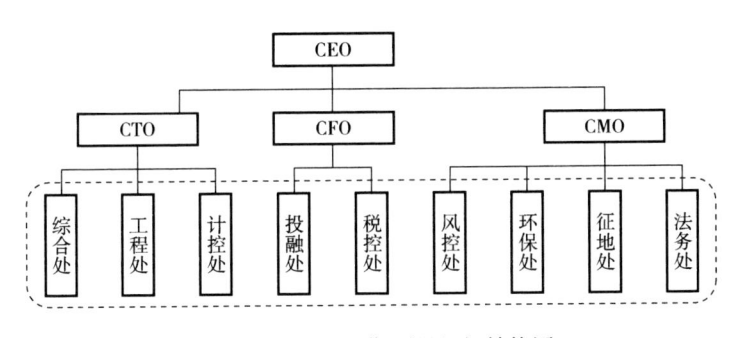

图 4-7 美丽山二期项目组织结构图

各专业部门主要职责如下：

（1）综合处。负责会议组织、人力资源管理、文档管理、办公用品管理、后勤管理、出差管理等工作。

（2）工程处。负责组织对线路工程、换流站工程建设的安全、质量、进度和技术的管控；组织各领域内的采购申请和合同签订工作；组织专业技术人员对合同技术文件、风险防控、执行情况及资信进行深入评估；组织会议审查设计变更和技术方案审查；审核工程进度款支付申请；审核上报月度用款计划；负责工程变更及调价索赔工作；组织工程竣工验收、投产和质量评定工作；负责设备/材料建造工作；负责工程档案分类、编号、组卷及移交。

（3）计控处。负责项目计划的编制、实施及核查；牵头组织项目公司周例会，在会上汇报周进度和计划执行情况，发现问题并提出纠偏措施；负责项目信息化建设；负责开展风险管控和索赔管理工作，为公司高管会、董事会决策提供依据；牵头组织项目公司向国家电网和国网国际公司的专题汇报工作，为总部决策提供依据。

（4）投融处。负责项目投资和融资工作，分析自有资金使用情况，降低资金使用成本；负责开拓并维护公司与资本市场的关系，与银行管理层保持密切联系，保障公司的融资需求；负责撰写融资贷款项目建议书、可行性研究报告、商业计划书等；参与项目公司投资管理决策，对重大经营活动提供建议和参考。

（5）税控处。贯彻执行巴西《会计法》及巴西相关法律法规和规章制度；制定项目公司财务管理方面的各项规章制度；负责企业的财务管理、资金筹集、调拨和融通，合理控制并使用资金；负责成本核算管理工作，制定成本管理和考核办法；负责企业年度财务决算工作；负责企业的纳税管理，运用税收政策，依法纳税、合理避税，监督承包方代扣代缴相关税费。

（6）风控处。负责制定风险防控操作规程和文件，为业务部门的风险管控提供指导；对超出项目范围的整体风险进行防控；组织并监督利益相关方进行风险识别、评估、应对策略制定；编制风险报告，反馈风险应对结果。

（7）环保处。负责编制环境保护报告、申请环境保护相关证照及许可；处理政府与地方社团关系，在支撑项目实施同时，保证环境保护方案得以有效实施；编制环保措施，降低环境影响，处理应急环保事件。

(8) 征地处。负责工程建设征地工作，开展征地谈判、诉讼事宜；负责编制征地报告、申请用地相关证照及许可；保证用地许可的有效性；维护与地主（以下统称"土地所有者"）及社区的良好关系，保障用地安全。

(9) 法务处。对项目公司的经营、管理决策开展法律合规性分析，为项目公司发展战略提供法律决策支持；参与公司重大经济活动的谈判工作，提出降低或规避风险的措施和意见；对重大经济合同、协议的履行情况进行审查、修改、会签。

4.2.2 项目治理超越实践

1. 项目总体治理结构

为合规、高效地开展项目公司治理工作，经批准，项目公司建立了完整的"股东会—董事会—高管会"三层治理结构。项目公司各级治理层主要职责见表4-1。

表4-1 项目公司各级治理层主要职责

级层	职责
股东会	• 变更公司章程，包括董事会及高管委员会组成变更，以及表决法定人数变更 • 解散公司，终止清算状态 • 增加或减少公司资本，包括提高授权资本的额度 • 批准商务计划和投资计划，以及超过投标项目起始预算资金1%的任何变更 • 确定和审批公司业绩分配政策，遵守最低法定分配及最大特许经营权收入、股东投资回报等规定
董事会	• 审批开展竞标工程项目相关的地役权和征用等不动产交易的标准 • 批准投标项目启动预算及各股东为参与竞标编制的投资计划 • 审批年度预算及公司项目投资，并考虑注资、融资、投资、费用及财年工作进度表 • 审批公司贷款、融资及债务合同 • 审批签署超过100万雷亚尔的采购合同，直至工程完工投入商业运营 • 审批公司开展投标项目所需增资的期限、金额及必要资源和费用等

(续)

级层	职责
高管会	• 批准公司内部制度与规范 • 提请董事会审核并通过公司治理体系 • 向董事会提交增资方案与公司章程修改建议 • 权限范围内向董事会建议购买、转让或抵押公司动产、不动产，以及筹集资金 • 向董事会递交年度财务报表 • 公司对外签订的技术文件、合同文件、财务文件等，至少需要中方和巴方高管各一名批准 • 公司合同审批、付款审批等内部文件的批准，至少需要中方和巴方高管各1名

其中，项目公司股东会作为项目公司的最高决策机构，代表国家电网出资方，其负责的事项是需由国家电网和国网国际公司负责决策的项目重大事项。

项目公司董事会由股东方任命，其组成成员为巴控公司高管委员会，包括巴控公司董事长、总经理、2名副总经理共4人，其负责的事项是由巴控公司负责管理的项目重大经营事项。

项目公司高管委员会由董事会委任，共有5名成员，由CEO、副CEO、CTO、CFO和CMO组成。该委员会是公司的日常管理机构，负责贯彻执行股东会和董事会的各项决策，并对项目实施进行日常管理。

美丽山二期项目以项目公司的组织形式全权负责项目建设和30年特许经营期的运行维护实施工作，国家电网系统选派的长期直接参与项目工作的人员全部以全职员工身份入职项目公司；同时，项目公司可以根据股东批准的有关预算、政策，以及项目建设营运实际需要，在巴西自行招聘当地员工加入。

美丽山二期项目形成了以国家电网海外直流工程建设领导小组为核心的"国家电网——国网国际公司——巴控公司——项目公司"四层治理结

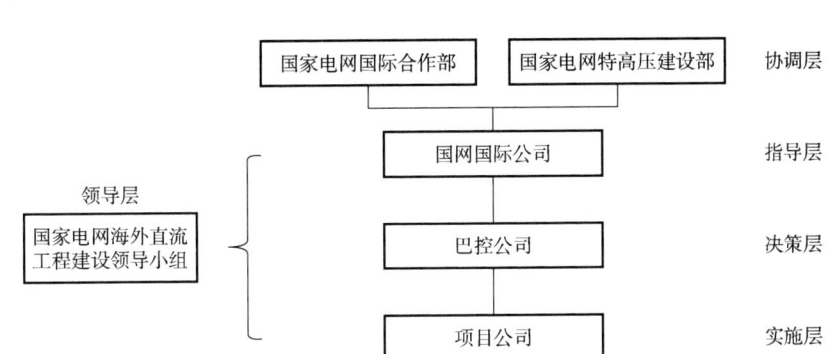

构。美丽山二期项目总体治理结构如图 4-8 所示。

图 4-8　美丽山二期项目总体治理结构

国家电网海外直流工程建设领导小组负责统筹协调项目的工程建设和系统调试工作，确定工程建设目标，对工程建设过程中遇到的重大技术问题做出决策。

国家电网海外直流工程建设领导小组下设办公室，该办公室设在特高压建设部。其职责为落实领导小组的决策部署，协调国家电网海外直流工程建设的技术工作，解决工程建设中遇到的技术问题，提供重大技术决策建议，并督促项目满足进度和质量要求。国际合作部负责指导项目的公共关系、支撑人员选派及保障等工作。

国网国际公司和巴控公司作为项目投资主体单位，负责项目建设运营全过程的指导、决策和监督。项目公司作为项目的法人单位和实施主体，负责项目建设运营全过程的实施工作，对特高压输电线路工程的建设全过程承担总责；对换流站的设备供货、现场施工及调试等工作，承担属地组织协调责任。美丽山二期项目四层治理结构是国家电网大型海外项目投资建设业务的管理创新举措，既能充分发挥国家电网特高压直流输电核心技术能力和集团化运作管控能力优势，又能充分利用巴控公司在巴西多年积累的本地化运营能力和属地协调能力的前端优势，从而确保项目的成功建设和顺利运营。

在美丽山二期项目管理中，对于需要报送项目公司董事会层面即巴控公司层面进一步决策的各类事项，应按照巴控公司制定的治理规则的规定进行决策。

项目管理中需要报送项目公司股东会层面即国网国际公司及国家电网层面做最终决策的各类事项，依据项目治理机制的总体框架，由巴控公司按照国家电网的相关规定，正式拟文上报国网国际公司，并按照国网国际公司的正式批复执行。

2. 项目治理体系

美丽山二期项目治理体系包括高管会议规则、会议的决策程序和"双签"授权机制。

（1）高管会议规则（Executives'Meeting Rule）。项目公司高管会议规则中的高管会议，指的是项目公司股东会、董事会、高管会和公司的管理周会。管理会议规则除按照公司章程分别明确4类会议的决策权限和事项，主要对这4类会议作出详细规定，以确保各类会议作用得以顺利发挥。

（2）会议的决策程序。凡是需要做出正式决议的决策事项，都必须经过正式决策程序。通过科学构建职责清晰的项目治理结构并严格执行上述治理机制，保证在整个项目建设过程中有章可循、有据可依。推动项目公司各高管、各部门不发生任何拖延决策、延误工程进度的情况，确保项目公司层面各种重大事项决策科学、有序、合规、透明，为项目高质量提前建成投运和圆满实现各项战略目标奠定有效的制度基础。

（3）"双签"授权机制。在美丽山二期项目的治理中，项目团队创新建立了"双签"决策机制。

在传统出海项目中,"双签"指国外项目中的合同签约或履约支付,需两名中方高管签字后才可支付。但是,在美丽山二期项目的治理机制中,"双签"超越了传统做法,是由一名中方高管和授权的一名当地高管"双签"才可签约合同,并支付工程进度款,此项规定被写入项目公司的运营制度。

"双签"机制的超越,充分体现了国际化公司的运作模式,对激发当地人员的积极性和责任感具有极大作用。除此之外,该机制还发挥了"三促进,两共同"的作用,即促进共同决策,共同担责;促进团队融合,培养信任,降低管理成本;促进风险防控,规范资金支付管理。

通过"双签"机制,当地员工参与议事和监管、共同决策,消除了当地员工的"打工意识",使其自主自发转变为"主人翁"。同时,有效改变了资方代表"影子管理"监督当地员工的观念,并且通过"双签"建立信任,引进中国企业的"集体决策"机制,发挥集中智慧,改变"一言堂"的局面,超越了国外"授权机制"的企业管理模式。

项目公司"双签"的治理机制,为多元文化团队的"人"和"事"的相互尊重与信任奠定了良好基础。

3. 项目治理模式

美丽山二期项目以项目公司的组织形式,全权负责项目建设和30年特许经营期的运行维护实施工作。

项目公司的员工构成中,国内选派具有丰富特高压直流输电工程建设经验的专业技术管理人才占比20%,其余大部分员工从市场上招聘。

项目实施的所有具体建设任务全部采用设计供货施工总承包(EPC)和对外采购技术服务的方式开展,项目公司作为主体,与聘请的各参建单位签署EPC合同或其他业务服务合同。项目公司负责依据合同对各参建位的合同执行进行全过程的监督管理与跟踪评价，以确保项目成功建成。

基于在巴西多年开发建设"绿地"输电项目的经验，巴西市场第三方监理工程师项目的管控能力和执行力有限，难以完全代表业主从事施工现场管理工作。因此，为确保项目建设的顺利推进，项目公司在线路工程和换流站工程各标段施工现场均设立了项目公司现场项目部。项目公司直接选派技术过硬的专业管理人员作为业主现场项目经理并常驻现场，负责协调各自标段的现场施工和合同执行。项目公司聘请的当地监理公司及环保、征地工程师对各自标段的施工质量、安全、进度、环保、征地及工程计量、变更等进行监督，从而实现了对现场各EPC承包商的有效管控。同时，通过开展联席会议制度和建立价值"共商共建共享"机制，使各EPC承包商形成利益共同体，相互支持、相互配合。通过现场月度例会与经验交流，以及每半月各方高管协调例会等方式建立互信机制，快速决策，统一行动，形成纪要，推动问题解决，确保了项目整体工期的按时完成。

4.3 组织与治理超越小结

1. 组织关系超越

在第三国注册公司对项目投资平台（巴控公司）进行注资，再由项目投资平台来投资项目（项目公司），这种做法超越了传统的由国内公司直接注资项目公司的模式，有效规避了政治、税收和金融等风险。

2. 共享服务中心超越

在组织结构设计方面，巴控公司成立了共享服务中心。该中心同时支撑多个项目的建设管理、运维服务、技术支撑、安全环保管理等，超越了传统项目公司中资源仅为单项目服务的组织形式。

3. 决策组织设计超越

通过成立"高管会""铁三角矩阵"和"C8 矩阵"，形成 ATPE 阵型架构，构建了群体决策机制，超越了传统项目公司的层级决策机制。

4. 治理结构超越

采用"国家电网（协调层）—国网国际公司（指导层）—巴控公司（决策层）—项目公司（实施层）"四级治理结构，超越了传统的从公司到项目二级治理结构。

5. 授权机制超越

通过建立"双签"授权机制，有效提升了巴方管理人员的积极性，同时降低了决策风险及应对风险的韧性，超越了传统仅由单方人员授权的模式。

第 5 章　项目思维超越

5.1　项目思维综述

项目思维是项目管理成功的关键要素之一。它不仅要求项目经理具备专业技能和知识，还需要他们能够从多元角度审视项目，以确保项目目标实现。项目思维能够帮助项目经理更好地规划、执行和控制项目，同时也能够提高项目团队协作效率，降低项目风险，最终实现项目价值的最大化。

项目思维包括项目战略思维、项目商业思维、项目创新思维、项目整合思维、项目韧性思维、项目可持续发展思维等。

1. 项目战略思维

项目战略思维意味着项目经理需具备将项目目标与组织的长远战略相结合的能力，从全局的角度出发，制订和实施项目计划。这种思维方式要求项目经理具备前瞻性眼光和决策能力，能够识别项目对组织战略目标的贡献点，并在项目实施过程中调整策略，以确保项目和组织目标战略一致。

第 5 章 项目思维超越

2. 项目商业思维

项目商业思维关注项目的商业价值和盈利能力。项目经理需理解市场需求，把控成本控制要点，熟练运用财务分析工具，以确保项目在商业层面可行，并为组织带来经济效益。

3. 项目创新思维

项目创新思维鼓励项目经理及团队成员在项目管理和执行过程中，积极寻求新的解决方案与方法，改进项目流程、提升项目质量、创造新的价值。这种思维方式能够促进项目效率的提升，促进产品和服务的持续创新。

4. 项目整合思维

项目整合思维强调项目各要素之间的协调统一。项目经理需整合资源、流程、人员和其他项目要素，确保项目作为一个整体有效运作。

5. 项目韧性思维

项目韧性思维关注项目在面对不确定性和变化时的适应和恢复能力。项目经理需提前制定应对策略，以确保项目能够在遭遇逆境时持续前进。

6. 项目可持续发展思维

项目可持续发展思维要求项目经理在项目设计和执行过程中充分考虑环境、社会和经济方面的影响，确保项目既能满足当前需求，又不会对未来的资源造成损害，进而促进社会和谐，助力经济持续发展。

在项目管理中，项目经理需从多个角度出发，全面考量项目的各个环节。通过项目战略思维、商业思维、创新思维、整合思维、韧性思维和可持续发展思维的运用，项目经理能够更高效地推动项目走向成功，实现项目价值，并为组织的长远发展贡献力量。

5.2 项目思维超越实践

5.2.1 韧性思维

在 VUCA［Volatility（易变性）、Uncertainty（不确定性）、Complexity（复杂性）、Ambiguity（模糊性）］环境下,项目的韧性管理显得尤为关键。韧性管理旨在提高项目团队对不确定性和变化的适应能力,确保项目能够在各种挑战下持续前进。

VUCA 环境下的项目韧性管理包括项目易变性管理、项目不确定性管理、项目复杂性管理和项目模糊性管理。

1. 项目易变性管理

易变性存在于快速且不可预测的变化环境中,当可用技能组合或多种材料持续波动时,可能出现易变性。易变性通常会影响成本和进度。易变性的应对方案包括备选方案分析和储备。例如,在里约受端换流站接地极方案中,也备选了"海洋接地"技术方案;里约换流站与新伊瓜苏 500kV 变电站扩建的两回连接线变更为同塔双回的方案等。

2. 项目不确定性管理

项目中必然存在不确定性,任何活动的影响都无法准确预测,而且可能会产生一系列结果。机会和威胁共同构成了项目风险。应对不确定性的方案包括收集信息、为多种结果做好准备、基于集合的设计和增加韧性。

(1) 收集信息。可以通过获取更多信息(如进行研究、争取专家参与或进行市场分析等)减少不确定性。

(2)为多种结果做好准备。要为每一个可能的结果做好准备,制定可行的主要解决方案,以及在初始解决方案不可行或无效时有可用的备份或应急计划。如果存在大量潜在结果,可以对潜在原因进行分类和评估,估算其发生的概率,确定最可能的潜在结果,并重点关注这些结果。例如,"同塔双回"的500kV线路方案在里约城乡结合部实施,当地社会环境复杂,两条单回线路走廊占地面积大,涉及民房拆迁,征用难,施工干扰大,进度难以把控。因此,在规划时将上述不确定性事件的信息进行收集、分析和评估,并纳入风险登记册进行跟踪管理,以提升项目韧性,确保意外情况发生时,项目进度能够持续推进。

(3)基于集合的设计。可以在项目早期研究多种设计或备选方案,以降低不确定性。这能让项目团队考虑权衡因素,如时间与成本、质量与成本、风险与进度、进度与质量。其目的是探索各种选项,使项目团队能够从各种备选方案的对比分析中有所收获。在整个过程中,无效或次优的替代方案将被舍弃。

(4)增加韧性。韧性是对意外变化的快速适应和应对能力。韧性既适用于项目团队成员,也适用于组织过程。当产品设计的初始方法或原型未能达到预期效果时,项目团队和组织需展现快速学习、灵活调整和有效应对的能力。

3. 项目复杂性管理

复杂性指因人类行为、系统行为和模糊性等因素,项目集、项目或其环境难以管理的特征。当许多相互关联的影响以不同方式呈现并相互作用时,便会产生复杂性。应对复杂性的方案包括:基于系统的方法(如解耦、模拟)、重新构建策略(如多样性和平衡)、基于过程的手段(如迭代、参与和故障保护)。

4. 项目模糊性管理

项目模糊性包括概念模糊性和情景模糊性。概念模糊性指当以不同方式使用类似术语或论点时，会因缺乏有效的理解而出现概念模糊；情景模糊性指当可能出现多个结果时，即存在多个选项解决一个问题情景，这便是模糊性的一种表现形式。项目模糊性的应对方案如下：

（1）渐进明细。这是一个随着信息越来越多、估算越来越准确，而不断提高项目管理计划的详细程度的迭代过程。

（2）实验。精心设计的一系列实验有助于识别因果关系，或者至少可以减少项目模糊性情况发生。

（3）原型法。通过测试不同解决方案所产生的不同结果来应对模糊性。

5. 应用实践

在美丽山二期项目韧性管理应用实践方面，项目团队充分运用韧性思维，取得了如下成效：

（1）遇到大罢工的韧性应对。对于某些无法降低风险概率的事件，如巴西卡车司机罢工、政府换届等外部事件，项目公司坚持底线思维，策划各种应急预案，以减轻这些事件发生后对项目的影响。在新政府过渡初期，项目公司通过艰难协调，促成巴西环保署动员员工在家办公，并利用周末时间进行评审等工作。在遇到罢工等不确定性事件时，项目团队通过韧性思维迅速恢复正常工作。

（2）亚马孙雨季的韧性应对。项目公司针对121个无法避免的风险事件（如反常的雨季气候等），提前制定并实施了各种应对方案，将风险事件对项目建设的影响降至最低，同时确保不引发次生风险，未对项目整体目标的实现造成负面影响。项目自始至终开展富有成效的风险管理，有力地保障了项目的顺利实施，增强了项目韧性。

（3）外部人员势力阻挠的韧性应对。项目开工后，在北部 PARA 州的第 1、2 标段接连出现美丽山水电站安置移民、印第安部落居民阻挠施工等情况，严重阻碍了施工进程；南部的 10、11 标段处于里约州西北部人口稠密、社会环境复杂的地区，治安问题时有发生。针对这一情况，项目公司高管直面问题，快速响应，协调联邦军警、州警察等共同制定预案。他们多次前往阻工现场，积极与当地政府及社区进行沟通，提前策划并及时实施沿线社会责任项目，适度满足社区诉求，营造良好的施工环境。同时，督促承包商改进与社区的关系、加强安保措施，最大限度降低了阻工带来的影响。

（4）分包商破产的韧性应对。2015 年 7 月 16 日，项目公司确定了 5 家 EPC 承包商预中标输电线路项目 10 个标段，其中山东电建一公司预中标 3 个标段，Alumini 公司预中标 2 个标段，Tabocas 公司预中标 3 个标段，Abengoa 公司和 Amir 公司分别预中标 1 个标段。然而，在项目执行前期，Abengoa 公司和 Amir 公司由于多种原因宣告破产，项目公司立即采取终止预合同的措施，重新招标，新中标方以等同于原预合同的价格承接这两个标段的工程，并在项目公司的有效协调下，全面、顺利地接管了相关工程的前期工作。

5.2.2 社会责任思维

社会责任指企业或组织在追求经济利益的同时，对当地社会、环境及利益相关方应承担的责任和义务。这通常包括遵守当地法律法规、尊重人权、保护劳工权益、关注环境保护和可持续发展等方面。每一重大工程项目或多或少会对当地社区和环境产生一定影响，因此，承担社会责任也是确保项目成功和可持续发展的重要因素。企业需通过积极管理和应对其在经济、社会、环境等方面产生的影响，实现与东道国的共同发展。

项目公司积极履行社会责任，全面实现经济、社会和环境价值。项目公司的行为始终以创造价值的承诺为前提，与社会、员工、供应商及联邦、州和市相关部门机构保持良好且透明的关系。

项目的成功实施需要得到社会各方的认可与支持，项目公司在项目启动初期就积极履行企业社会责任，秉持先尽社会责任的理念，为工程建设铺设绿色通道。项目公司通过 BNDES 银行的社会公益投资方案，沿输电线路投资了多个社会责任环境项目。

在美丽山二期项目建设过程中，项目公司在社会责任方面投入超 1500 万雷亚尔，实施了社会责任项目 19 个。向沿线帕拉州和托坎廷斯州的 33 个受疟疾影响城市捐赠了 692 套医疗器械和设备，还培训了 93 名疾控人员，以强化疟疾的预防、诊断和治疗工作；为沿线黑奴后裔部落保护社区援建了果汁厂、社区活动中心、清洁水井等；资助了被联合国教育、科学及文化组织于 2017 年认定为世界遗产的里约市区瓦伦哥码头遗址的历史文化抢救工作。项目公司用实际行动彰显了企业社会责任，诠释了共商、共建、共享的"一带一路"倡议内涵。

项目社会责任实践示例

示例1：黑奴后裔部落保护社区历史文化整理与传播

实施理由：在现代工业化社会生活习惯不断改变的背景下，黑奴后裔社区的居民对自身身份的认同感正面临逐步稀释的状况。社区传统节日和事项需要集体活动时，存在动员困难的问题。年轻人进入大学深造，虽然对提升社区的根本利益有帮助，但是也在一定程度上对保存社区传统习俗构成了挑战。

项目内容：

（1）抢救黑奴祖先从非洲带到当地的传统文化，创建4个教学工作室，并组建相应4个小组参与教育工作。

（2）针对教学组所强调的传统社会文化习惯，培养能胜任传播和维护社区历史文化的专业人员。

（3）整理MALHADINHA黑奴社区的历史和集体记忆，以加强居民的身份认同，提升其自尊心，增加他们参加社区集体活动的意愿。

（4）建立MALHADINHA黑奴社区博物馆，陈设以"来巴奴隶"等为主题的历史物品、照片、文档、书籍，将其作为社区的集体永久资产，在改造后的BARRACAO社区展览。

示例2：助力开发传统工艺价值

实施理由：社区公共资源匮乏，失业和暴力问题突出。然而，尽管生活在不利环境中，该社区仍然具有种族多样性，并保留着土著传统。因此，应鼓励基于当地传统的工艺品开发，重新发掘其价值。

项目内容：整理当地的历史记忆和在土著背景下的文化艺术农业传统，对居民进行培训，帮助他们整理社区文化，以此提高收入、提升自尊和集体意识；参与环境资源管理，寻找合作伙伴。建立4个培训工作室，培训专业人员，推动历史艺术和农业产品的发掘与发展。

示例3：协调资源推动景区可持续发展

实施理由：塔博卡社区对年轻人的外流表示担忧，同时，年轻人与社区之间的联系也较为匮乏。游客对当地小瀑布的掠夺性旅游行为，如产生垃圾废物却不及时处理等，同样令人担忧。

项目内容：动员年轻人参与该地区小瀑布的可持续发展活动，以免遭掠夺性旅游的破坏。项目公司作为旅游景点清洁运动的支持者，协调农村生产者协会、教会、市环境秘书处和市政委员会，共同推动可持续发展。实施行动计划，移除参观人员留下的废物，以此作为传播成果和吸引新成果的手段；培训人员积极参与此项活动，组织人员加强垃圾监测，在周末发放垃圾袋，并组织人员捡垃圾。

5.2.3 可持续发展思维

项目可持续发展指在项目管理过程中，充分考虑经济、社会和环境三方面的平衡，确保项目在实现当前目标的同时，不会对未来的发展造成负面影响，并在当地塑造可持续发展的企业形象。

1. 可持续发展定义

可持续发展涉及的主要内容如下：

（1）经济可持续性。确保项目在财务上可行，能够产生足够的收益覆盖成本，并为投资者提供合理的回报，同时保持长期的财务稳定等。

（2）环境可持续性。保护和维护自然生态系统，减少项目对环境的负面影响。例如，节能减排，减少能源消耗和温室气体排放；合理利用资源，如水、土地和原材料等，促进循环经济；保护自然栖息地，维护物种多样性；控制和减少污染物的排放，包括空气、水和土壤污染等。

（3）社会可持续性。促进社会福祉，确保项目对当地社区和利益相关方产生积极影响。具体内容包括：尊重人权，促进公平性和包容性，支持社区发展；保障工人和社区成员的健康和安全；尊重和保护当地文化和文化遗产；提供教育和培训机会，提升当地居民的技能和就业能力等。

（4）治理可持续性。确保项目的管理和决策过程透明、负责任且合法。具体内容包括：确保项目决策过程透明，对利益相关方负责；遵守所有相关的法律法规和国际标准等。

（5）技术可持续性。采用可持续的技术和创新，以提高效率、减少环境影响，并促进长期的可持续性。具体内容包括：开发和采用清洁技术和可持续的解决方案；提高能源使用效率，减少浪费等。

2. 可持续发展实践应用

在美丽山二期项目实施过程中，项目团队充分运用可持续发展思维，取得了显著成效。

（1）动物保护方面。在项目规划阶段，项目团队便对可能受影响的野生动物栖息地展开了详细调查。在施工过程中，采取了一系列措施。例如，设立野生动物保护区，确保施工活动避开关键野生动物栖息地；在高架桥下和道路地下设置野生动物通道，以保障动物迁徙路径畅通；与当地环保机构合作，开展野生动物监测和保护工作。

（2）植被清除和森林复植方面。项目团队在项目施工前，制订了严格的植被管理计划，对施工区域内的植被进行评估，尽可能减少清除范围；清除的植被被用于土壤保护和森林复植；项目完成后，对受影响的区域进行了大规模的森林复植，以恢复生态环境。例如，采用高塔减少对热带雨林的砍伐；线路绕开环境敏感区域或自然保护区等。

（3）考古和古生物遗迹保护方面。项目团队在项目施工过程中发现了多处考古和古生物遗迹，采取积极的保护措施。例如，立即停止施工，邀请专业团队进行考古挖掘；与当地文化部门合作，保护出土文物，并在博物馆展出；修改施工方案，避开重要遗迹，确保其得到妥善保护。

（4）绿色施工方面。项目团队在项目施工过程中，积极推行绿色施工理念。例如，采用节能设备/材料，降低能耗；实施废水处理和回收利用，减少水资源浪费；优化施工工艺，减少或避免水土流失风险。

美丽山二期项目在可持续发展方面的实践，充分体现了项目可持续发展思维的重要性。将可持续发展措施融入项目计划，不仅取得了更高的商业价值，促进了当地社区发展，还使沿线社区居民理解并支持项目建设，树立了国家电网的品牌形象，同时给环境保护带来长远的利益。

5.3 项目思维超越小结

在美丽山二期项目中，项目团队探索出超越传统项目的思维方式，实现了从传统项目仅关注战略和商业的思维到关注项目的韧性管理、社会责任、可持续发展的思维超越。

1. 韧性思维超越

传统项目中的风险管理主要考量不确定性事件的发生概率和影响程度，而韧性思维除考量不确定性维度，还需考量易变性、复杂性和模糊性，超越了传统的风险管理维度。

2. 社会责任思维超越

在社会责任的广度上，美丽山二期项目沿途输变电线路长达 2500 多 km，涉及多部落、多民族、多文化的社会群体，群体的多样性大大拓展了社会责任的广度，如涉及农业、交通、卫生、医疗、社区援建、教育文化、遗迹抢救、旅游开发、技能培训、动植物保护等方面。此外，在社会责任的深度上，项目公司超越了将利润作为唯一目标的传统社会责任理念，还强调了在工程建设中对人的价值关注，以及对环境、社会的贡献责任。

3. 可持续发展思维超越

传统项目管理的可持续发展思维，通常考虑的是项目建设周期内的可持续发展。然而，美丽山二期项目中，项目团队自参与可行性研究、技术方案设计、工程建设、设备安装调试、运营维护的各个阶段结束后，就不断开展深度复盘，并迭代优化可持续发展的措施。迭代思维超越了传统项目可持续发展的线性思维，赢得了沿线政府管理部门及社区居民对项目的理解，有力支持了项目建设，树立了国家品牌形象，有效提升了项目全生命周期的价值。例如，在设计技术方案时，对塔型和线路的选择秉持水土保持和节省用地及自然保护、减少污染的原则；在施工中，尽量减少施工区域内植被的清除范围；在施工结束后，开展大规模森林复植，恢复生态环境；在运营维护阶段，采用无人机巡线和运输设备/材料，减少因修路导致的植被破坏。

第 6 章　多元文化超越

6.1　多元文化综述

在全球化浪潮下，多元文化管理已成为国际工程项目成功的关键要素。随着跨国合作的日益频繁，项目管理不再局限于单一文化背景，而是需要面对来自不同国家、地区和文化背景的团队成员。多元文化管理不仅是一种管理策略，更是增进团队信任、减少团队冲突、提升团队协作、提高团队绩效的重要手段。

6.1.1　多元文化概念

多元文化（Multiculturalism）指在某一特定社会、组织或团队中，多种文化共存的现象。多元文化管理（Multicultural Management）指在国际化环境中，通过有效整合和管理不同文化背景的个体，实现组织目标并促进团队协作的管理实践。

在国际工程项目中，多元文化管理强调在尊重文化差异的基础上，通过有效的沟通、协调和融合，最大限度地发挥文化多样性带来的优势，同时最小限度地降低文化冲突带来的负面影响。

6.1.2 多元文化内容

多元文化管理涵盖多个维度的文化差异，主要包括以下内容。

1. 国家和地区文化差异

不同国家和地区的历史、传统、社会制度和经济水平塑造了独特的文化特征，霍夫斯泰德（Hofstede）文化维度理论提出的权力距离、不确定性规避、个人主义与集体主义等维度都是国家和地区文化差异的重要体现。例如，巴西各州自治，货物跨州运输需要缴纳税收；施工许可和环保要求各州有各自的规定；不同国家的经济水平和信用评级直接影响项目投融资。

2. 语言与沟通方式

语言是文化的重要载体，不同语言背后的思维模式和表达方式可能截然不同。例如，巴西的官方语言为葡萄牙语，我国为汉语，在沟通中语境表达方式存在较大差异。东方语境文化（汉语、日语等）倾向于含蓄表达，而西方语境文化（英语、德语、葡萄牙语等）则倾向于直接沟通。

3. 价值观与行为习惯

不同文化在时间观念、工作态度、决策方式等方面存在不同的理解。一般而言，西方文化强调个人主义和效率，东方文化则更注重集体主义和关系维护。例如，在巴西，不主张为部门设置副职来协助工作，他们认为应充分授权给部门负责人，由其负责部门工作的开展和决策。在东方文化中，由于更强调集思广益、集体决策和分工协作，会设置一个或多个副职。

4. 宗教与信仰

宗教与信仰对个体的价值观、行为规范和生活习惯有着深远的影响。例如，伊斯兰国家的团队成员每天需举行朝拜仪式，项目经理在安排进度时需充分考虑这一情况。

5. 社会规范与礼仪

不同文化对礼仪、礼节和社交规则有不同的要求。在西方文化中，拥抱是常见的问候方式；而在一些亚洲文化中，鞠躬或合十礼更为普遍。

6. 教育与认知方式

不同文化背景下的教育体系和认知方式可能导致思维模式的差异。西方教育强调批判性思维，东方教育更注重记忆和传承。例如，在项目会议中，针对问题解决和方案讨论，西方人通常提倡敞开发表自己的观点；东方人更关注领导意图和利益相关方的感受。

6.1.3 多元文化特点

多元文化在国际工程项目中具有以下特点：

（1）多样性。团队成员来自不同文化背景，带来了多样化的视角、经验和解决方案。多样性是创新的重要源泉，同时也是产生冲突的根源之一。

（2）复杂性。文化差异可能导致沟通障碍、误解和冲突，增加了团队管理的复杂性。在项目管理中，通常通过建立团队章程和基本规则减少误解和冲突，从而提高团队效率。

（3）动态性。文化差异并非静态存在，而是随着时间、环境和个体经历的变化而动态演变。在项目中，需要结合团队不同生命周期阶段的特点进行管理。

（4）包容性。多元文化管理强调包容和尊重，要求管理者在差异中寻找共同点，促进团队融合。在项目中，解决团队问题时，会充分尊重文化差异，考虑求同存异和团队和谐关系，以获得更具包容性的问题解决方案。

6.1.4　多元文化管理策略

在国际工程项目中，多元文化管理需要从文化敏感性、沟通机制、团队建设和制度建设等方面入手，具体策略如下。

1. 提升文化敏感性与跨文化沟通能力

（1）提升文化敏感性。项目经理和团队成员需要具备高度的文化敏感性，能够识别和理解不同文化的价值观、行为习惯和沟通方式。

（2）提升跨文化沟通能力。通过培训提升团队成员的跨文化沟通能力，包括语言能力、非语言沟通技巧（肢体语言、表情等），以及对文化差异的敏感性。

2. 建立包容性工作环境

（1）尊重文化差异。在团队中营造尊重和包容的文化氛围，鼓励团队成员表达自己的文化观点和需求。

（2）建立公平透明的决策机制。确保决策过程透明，避免文化偏见导致的不公平现象。在项目中，通常会吸纳不同文化背景的团队成员共同讨论和决策。

3. 开展文化交流与团队建设活动

（1）举办文化交流活动。通过举办文化分享会、节日庆祝等活动，增进团队成员对彼此文化的了解。

（2）开展团队建设活动。通过开展团队协作任务、户外拓展活动等，增强团队凝聚力和团队成员彼此之间的信任感。

4. 制定跨文化管理策略

（1）制定文化整合策略。在项目初期制订文化整合计划，明确文化差异可能带来的挑战，并制定相应的应对措施。

（2）建立冲突管理机制。建立有效的冲突管理机制，及时化解文化差异引发的矛盾。

5. 利用技术工具支持跨文化协作

（1）利用跨文化协作平台。利用数字化工具（视频会议、协作软件等）支持跨文化团队的沟通与协作。

（2）提供翻译与本地化支持。为多语言团队提供翻译和本地化支持，减少语言障碍。

6. 培养全球化领导力

（1）培养全球化视野。项目经理需具备全球化视野，从多元文化的角度思考问题和制定策略。

（2）具备适应性领导力。根据团队成员的文化背景调整领导风格，如在高权力距离文化中采用更权威的领导方式，在低权力距离文化中采用更民主的领导方式。

因此，实施多元文化管理，首先要求项目经理具备高度的文化敏感性和跨文化沟通能力，理解并尊重团队成员的文化差异，通过培训、文化交流和团队建设活动等方式，促进团队成员间相互理解和尊重。此外，建立包容性工作环境，鼓励开放交流，制定公平透明的决策机制，确保每位成员的声音都能被听到和重视。

多元文化管理是通过有效整合文化差异，促进团队内部达成和谐状态并强化协作效率，不仅能提升项目执行效率，还能在全球化竞争中增强企业的韧性。

6.2 多元文化超越实践

项目公司团队主要由国家电网选派的具有丰富特高压直流输电工程建设经验的中方专业技术管理人才，以及在巴西当地招聘的电力工程建设、环保、征地、财务和法律等专业人才组成，团队总计70余人，其中巴方人员占绝大多数。项目公司团队是推动项目顺利进行的主力，但相较于整个项目的规模，团队人员十分精干，面临的任务却十分繁重。因此，如何尽快跨越文化障碍，融合形成战斗合力，是跨文化管理的根本。

例如，巴西员工与中国员工的工作理念上存在差异。针对这一情况，一些在巴西工作多年的核心岗位中方员工发挥了纽带作用，他们利用各种机会与巴方员工沟通，使得巴方员工逐渐理解了中方员工的理念。他们以自己的行动和友谊带动了巴方员工；中方员工也逐渐适应并理解了巴方员工的工作习惯，提前做好计划，加强沟通，达成共识，使双方能够更合理地安排和协调工作，迅速形成了行动合力。

6.2.1 多元文化建设

多元文化建设以多元文化团队为对象，旨在制定清晰的项目愿景和使命，形成和谐进取、目标一致的项目文化。积极营造尊重、理解和融合多元文化的良好氛围，倡导开放包容的价值观，鼓励团队成员在尊重差异的基础上，共同协作，创新求变。

在美丽山二期项目中，项目公司跨国团队积极践行多元文化建设，主要体现在以下4个方面。

1. 尊重文化差异

项目启动初期，项目公司便对巴西的文化、历史、社会习俗展开了深入了解，确保团队成员对巴西文化有充分的认知与尊重。组织文化培训活动，邀请当地专家进行讲解，并通过安排巴西员工到我国考察、互动交流等方式，让团队成员亲身体验中巴文化的魅力，为后续合作奠定良好基础。

2. 语言交流沟通

语言是文化交流的桥梁。项目公司鼓励中方成员学习葡萄牙语，为当地员工提供中、英文培训，加强双方的语言沟通。在项目管理过程中，项目公司采用英语为主、葡语为辅的沟通模式，保障信息传递的准确性和及时性，减少语言障碍引发的误解和冲突。

3. 团队信任与协作

项目公司倡导包容性文化，尊重每名成员的个性和文化背景。组建多元化团队，吸纳来自不同国家（地区）和文化背景的优秀人才，通过团队协作发挥各自优势，共同推动项目进展。在项目建设管理中，落实授权机制，鼓励成员在授权范围内主动担责履职、及时决策，并在此过程中逐步建立团队成员间的信任关系。同时，注重团队建设活动，增进团队成员之间的了解和友谊。

执行高管决策"双签"机制，即项目公司治理制度明确规定，对外签订审批合同、付款等文件均需中方和巴方各一名高管签署。这与其他海外工程的中方"双签"有本质差别。通过"双签"机制，让中巴双方高管团队共同参与议事和监管、共同决策，树立"主人翁"意识，建立团队信任，形成主动承担责任和协同工作的良好氛围。

4. 文化互动与交流

项目公司定期组织文化交流活动，如中巴员工相互参加对方的节日庆祝、美食分享、手工艺制作、员工生日派对等，让团队成员在轻松愉快的氛围中体验和学习不同的文化。这些活动不仅丰富了团队成员的文化生活，还促进了双方文化的深度融合。此外，项目公司组织员工参加跨国企业管理、团队建设培训等活动，增强了团队的凝聚力和团队成员的归属感。

通过以上4个方面的实践，项目团队在美丽山二期项目中成功实现了多元文化的建设，为项目的顺利实施营造了良好的氛围。

6.2.2 多元文化融合

跨文化团队的融合是一个复杂却至关重要的过程，它关乎团队成员之间的理解、尊重和合作。以下是一些能够促进跨文化团队融合的做法。

（1）明确共同目标。确保团队成员对团队和项目的共同目标有清晰的理解。共同的目标能够将团队成员凝聚在一起，减少文化差异引发的冲突，并促进合作。

（2）举办文化主题活动。定期举办文化主题活动，增进团队成员之间的感情。

（3）建立多元化激励机制。针对不同文化背景的团队成员，制定合适的激励措施。

（4）关注员工成长。为团队成员提供职业发展机会，助力个人与团队共同成长。

（5）灵活调整管理策略。根据团队成员的文化背景和工作经验，灵活调整管理策略。例如，对于来自不同文化背景的团队成员，采用不同的沟通方式和激励策略。

（6）解决冲突和分歧。当团队成员之间出现冲突和分歧时，采取积极主动的方式解决。鼓励团队成员通过开放、诚实和尊重的对话进行沟通，并寻求可行的解决方案。

在促进跨文化融合方面，项目公司积极组织员工参加巴控公司赞助的各项社会公益项目，以此增强员工的自豪感，提高团队凝聚力。巴控公司自进入巴西市场之初就十分重视自身企业形象建设，从2010年起在当地的环保、教育、中巴文化、体育交流和可持续发展等领域赞助开展了50多项社会公益项目，如赞助马累贫民窟孩子组建交响乐团项目、组织里约四季长跑等，受到了当地媒体的高度评价和广泛赞赏。每当举办这些活动时，巴控公司都组织员工志愿参加，极大增强了员工特别是巴西本地员工对巴控公司的认可度和身为员工的自豪感，促进了跨文化融合，提高了团队凝聚力。

多元文化融合示例

美丽山二期项目合理设置岗位，促进跨文化融合

美丽山二期项目合理设置岗位、配置人员，无缝衔接国家电网与巴西当地需求。项目公司团队的工作，既要与国家电网保持密切联系，以获取指导和支持，又要充分满足巴西本地的各项监管规定，平衡好总部和巴西

本地响应的需求，成为两方面要求顺利衔接的桥梁。

为此，项目公司董事会设计了合理方案，根据不同岗位对国家电网和对本地响应需求强度的偏重，来配置中方或巴方员工。例如，对于首席技术官、首席财务官等需要频繁与总部进行沟通对接的岗位，配置中方员工；对于首席环保官、环保处、法律处、融资处等本地响应强度相对更大的岗位，则配置巴方负责人。

同时，为确保各项管理职能尽快充分实现中巴融合，同时满足中巴双方需求，在同一职能专业线的上下级相邻岗位，尽量安排中巴员工交错配置。例如，首席技术官是中方人员，首席技术官分管的线路处、换流站处负责人则安排巴方员工担任。此外，对于各级主要管理岗位，也尽量按照中巴人员交错的方式进行配置。例如，对于巴方员工担任部门正职的，如线路处、换流站处，则各设置一个由中方员工任职的副处长岗位等。

通过这种创造性的中巴员工岗位充分交错配置方案，既最大限度满足了对国家电网和巴西当地的响应需求，又以最快速度促进了中巴员工的融合和技术交流，迅速促成了双方的相互理解并提升凝聚力，加快了跨文化团队的形成和成熟。

6.3 多元文化超越小结

项目中多元文化的管理超越，主要体现在多元文化认知、管理方法和全球化视角上的超越。

1. 多元文化认知超越

传统跨文化管理主要关注文化差异的识别与应对，而美丽山二期项目跨文化管理更注重文化多样性的整合与利用。它强调文化多样性不仅是挑战，更是宝贵的资源，能够为组织带来创新力和竞争力，增强企业面对意外或风险时的韧性。

2. 多元文化管理方法超越

传统跨文化管理往往通过简单的文化培训增强员工的文化敏感性，而美丽山二期项目跨文化管理更注重系统性、持续性的培训。例如，设立跨文化管理学院、开展全球服务项目等，旨在培养员工的跨文化沟通能力和国际视野。此外，传统跨文化管理可能侧重于避免文化冲突，保持沟通顺畅，而美丽山二期项目跨文化管理通过采用先进的沟通技术和工具，如视频会议、即时通信等，以及建立跨文化沟通机制和平台，促进不同文化背景员工之间的深度交流与合作。同时，授权"双签"机制超越了中方双人签字的做法。

3. 全球化视角超越

传统跨文化管理更多局限于特定区域或文化，但随着全球化的深入推进，美丽山二期项目跨文化管理更加注重全球视野，能够更好地处理跨国界的技术、经济、物流、保险、税收等复杂问题。

第 7 章　生命周期超越

7.1　项目生命周期综述

项目生命周期指一个项目从概念产生到最终完成所经历的各个阶段。每个项目都有其独特的特点和要求，项目生命周期的长度和阶段数量可能因项目而异。项目生命周期明确了项目的起始与结束，为项目管理提供了一个基本框架，同时也为项目管理明确了边界。传统项目通常以合同签订和项目立项作为开始的标志，以成果交付作为结束的标志。

7.1.1　国际特许经营权项目生命周期

国际特许经营权项目生命周期一般划分为项目立项与准备阶段、项目融资与竞标阶段、项目设计与建设阶段、项目运营与维护阶段、项目移交阶段。

1. 项目立项与准备阶段

具体内容如下：

（1）项目识别和选择。明确特许经营权项目的需求和目标，开展初步的市场调研和可行性研究。

（2）组建项目团队。成立专门的项目团队，清晰界定各成员的角色和职责。

（3）编制项目建议书。详细阐述项目的背景、目标、范围、预期收益等关键信息。

（4）政府部门审批。将项目建议书提交给相关政府部门进行审批，获取必要的许可和授权。

2. 项目融资与竞标阶段

具体内容如下：

（1）融资方案设计。根据项目需求，设计合理的融资方案，涵盖资金来源、融资结构、融资成本等方面。

（2）招标公告发布。发布招标公告，邀请潜在合作方参与国际特许经营权项目的竞标。

（3）合作方评估与选择。对投标者进行评估和筛选，确定合适的合作方或联合体。

（4）签订协议。与合作方签订协议，明确双方的权利和义务。

3. 项目设计与建设阶段

具体内容如下：

（1）设计与施工规划。根据项目的需求和特许经营权协议，制定详细的设计与施工规划。

（2）合作方选择。通过招标或其他方式选择合适的承包商进行项目的设计与施工，以及其他相关服务。

（3）监督管理。对项目的设计与施工进行监督管理，确保项目按照规划推进，并达到预定的质量标准。

4. 项目运营与维护阶段

具体内容如下：

（1）运营管理。项目公司负责项目的运营管理，包括生产运行、维护服务等各环节，同时负责项目商业计划的更新、维持和评估工作。

（2）收益回收。项目公司通过项目的运营获得收益，用于偿还债务和支付投资者回报。

（3）维护与更新。定期对项目进行检修、维护与更新，确保项目正常运行，延长其使用寿命。

5. 项目移交阶段

具体内容如下：

（1）特许期结束。特许经营权项目的特许期届满后，项目公司将项目无偿移交，或按照特许权协议约定处置。

（2）移交评估。政府对项目进行评估，确保项目在移交时处于良好状态。

（3）项目后评价。对整个特许经营权项目的实施过程进行后评价，总结经验教训，为未来的特许经营权项目提供参考。

7.1.2　国内外输变电工程建设项目生命周期比较

在巴西，"绿地"输电项目开发建设的总体过程阶段划分，与国内输电基建项目建设全过程的阶段划分类似，同样分为项目前期、工程前期、工程建设、总结评价4个阶段。然而，由于两国在工程建设管理体制、项目形成和建设模式、监管侧重点等方面存在差异，各个阶段的具体工作内容有所不同，尤其是在项目前期和工程前期阶段，项目业主单位的工作内容差异较大，而这也正是巴西"绿地"输电项目开发建设管理面临的主要难点和挑战。

1. 项目前期阶段的中巴输电基建项目主要工作内容比较

国内输电基建项目的项目前期阶段指由发展策划部门负责的从项目列规、可研到项目核准的工作阶段，主要工作包括五年规划、项目立项、可研编制、可研审批、规划意见书、土地预审、环评批复、核准等内容。然而，巴西"绿地"输电项目的建设运营实行的是特许经营模式，项目建设运营单位必须通过竞标赢得项目的特许经营权，才能成为项目的业主单位，全权负责项目的投资、建设和运营。

项目竞标单位在项目前期阶段的主要任务是完成项目建设所需的所有EPC承包商、设备物资供应商，以及其他环评、征地、财务等专业技术服务商的招标工作，与之签订预合同以锁定价格。在此基础上，精确测算并确定项目的投资规模，掌握监管规则及相关费用构成，如项目建设管理成本、融资成本、项目投资回报及运营期的运行维护成本等，进而确定自身的投标价格，参与特许经营权投标。而在国内，这些工作基本要到工程前期阶段才能开始，并且不需要进行项目竞标。

巴西"绿地"输电项目的建设单位在项目前期阶段，除非受到政府相关部门邀请，否则无须参与项目的规划、立项研究和决策、可行性研究编制和审批等由政府监管部门负责的工作。但建设单位必须在没有参与初步设计的前提下，在有限的时间内仅根据公示的招标文件开展前期工程调查、询价，基本确定项目的投资规模，并完成相关建设参与单位的招标及选择，进行商业计划的分析研究，同时参与激烈的特许经营权竞标。这一阶段的工作量、工作难度和风险都相对较大。

2. 工程前期阶段的中巴输电基建项目主要工作内容比较

国内输电基建项目的工程前期阶段指由基建管理部门牵头负责的项目开工前的建设准备工作阶段，主要工作包括设计招标，初步设计及评审，物资招标，施工图设计，施工及监理招标，施工许可相关手续办理，四通一平（通水、通电、通信、通路，施工现场平整），项目管理策划等。

在赢得项目特许经营权后，巴西"绿地"输电项目的所有建设参与单位的招标工作基本已在项目前期阶段完成。在工程前期阶段，除了与国内一样需要进行初步设计和提交评审、项目施工管理策划和办理各种施工许可手续，与国内最大的不同在于，巴西需要进行十分繁复且艰难的工程环境影响评价研究和保护方案设计工作，并将相关成果提交给巴西环保监管相关部门审批，申请环评开工许可证，以及征用项目建设用地。

由于巴西拥有严苛的环保法律体系和土地私有制，这两项工作的艰难、复杂和持久程度远高于国内同类工作。因此，在巴西开发建设任何工程项目，能否获批环评开工许可证都是项目建设风险最大且最为关键的环节。很多融资机构都把获批环评开工许可证作为批准项目融资的主要前置条件。此外，对于美丽山二期项目这样绵延 2500 多 km、项目沿线涉及 3300 多个土地所有者的超大型工程而言，其征地工作的繁重和艰难程度不言而喻，征地工作一直延续到工程建设阶段。

3. 工程建设和总结评价阶段的中巴输电基建项目主要工作内容比较

二者的工作内容类似，但在巴西，工程建设阶段还必须按照批准的环保实施方案严格落实各项环境保护措施，并申请项目环评运行许可证，同时配合项目施工进度完成征地和线路跨越申请、其他电力工程特许经营权资产的接入等属地协调工作。

7.2 项目生命周期超越实践

美丽山二期项目生命周期，向前延伸到项目商机获取和竞标的项目前期管理阶段，向后延伸到项目的运维管理阶段。

7.2.1 项目前期管理

传统项目生命周期管理通常从合同签订之后开始启动，但在美丽山二期项目中，这一管理阶段被前置到项目市场信息搜集和竞标的项目前期管理。项目前期管理过程细分为技术方案的推介和比选、参与项目可行性方案编制和项目特许经营权竞标三个阶段。

1. 技术方案的推介和比选

根据巴西电力行业的监管制度，新建输电项目在巴西矿产能源部批准立项后，由巴西能源研究中心负责研究和编制项目可研报告第 1 卷——方案比选卷。该卷旨在对项目在经济、技术等方面进行方案研究和比选，并确定首选方案。

国家电网高度重视美丽山水电站送出工程项目的方案研究比选，积极配合和支持可行性研究报告方案比选卷的编制工作。巴西能源研究中心在可行性研究过程中，邀请国家电网、西门子、ABB 等公司共同探讨各方案实施的可行性。国家电网积极响应，前后共组织了超过 10 批次技术团队赴巴西，拜访巴西矿产能源部，并与巴西电力监管局、巴西能源研究中心、巴西国家电力公司等政府机构和同行企业进行技术交流和沟通，力争促成特高压直流送出方案成为美丽山水电站送出工程项目的首选方案。

国家电网还主动邀请巴方政府相关部门、监管机构以及行业专家到中国实地考察已投运特高压直流输电工程的运行情况，现场查看国家电网在特高压直流输电工程设计、建设和运行管理等方面所积累的成功经验。巴方从系统研究、设备制造、输电损耗、环境影响等多方面的现场考察评估中，见证了特高压直流输电技术的经济性、安全性和环境友好性。

美丽山水电站的目标负荷主要集中在巴西东南部，需要远距离大容量的送出方案，外送功率超过1100万kW，输电距离达到2000km以上。为此，巴西能源研究中心、巴西电力科学研究院等机构曾策划过500kV交流输电、750kV交流输电、±600kV直流输电以及交直流混合方案等多个技术路线。然而，这些方案均较难满足远距离大功率输电要求。相比之下，采用特高压直流送出方案在技术、经济方面的优势都非常明显。

经过巴西政府能源和电力主管部门、机构，以及技术专家组细致、缜密的论证和研究，最终倾向于采纳我国的特高压直流输电技术。国家电网结合巴西电网实际情况，并针对巴方技术专家关注的系统安全稳定问题，提出了采用双回±800kV送出工程分散功率落点的方案。

2. 参与项目可行性方案编制

详见第3章3.2.1节。

3. 项目特许经营权竞标

根据巴西矿产能源部年度招标工作安排，巴西国家电力监管局将美丽山二期项目列入07/2015号输电特许经营权招标计划，并于2015年3月在其网站正式发布了巴西能源研究中心编制的美丽山二期项目可行性研究报告。随后，巴西国家电力调度中心和巴西能源研究中心公布了项目招标技术规范书，并进行公示和听证。

2015年3月23日，巴控公司向国网国际公司报文，正式请示批准参与美丽山二期项目的投标立项。2015年4月初，国家电网正式批复同意该项目的投标立项。

巴控公司在获得批复后，第一时间展开了与巴西国家电力公司等各潜在合作伙伴的密集沟通，反复比较各种合作开发模式，以及国家电网独立开发模式的优劣和可行性。经综合评估，巴控公司最终选择独立竞标开发美丽山二期项目。

2015年7月17日，项目开标，巴控公司中标，现场签署了中标通知书。

2015年10月22日，巴控公司与巴西电力监管局正式签署为期30年的《巴西美丽山水电特高压直流送出二期项目特许经营权协议》。该特许经营权协议生效期从2015年10月22日起算，特许经营期30年，项目建设工期由2015年10月2日起算50个月，协议项目投运时间为2019年12月2日。

该特许经营权协议的签署，标志着美丽山二期项目的正式启动。

7.2.2 项目运维管理

传统项目生命周期管理通常在完成合同交付时宣告结束，但是在美丽山二期项目中，管理周期被后延至项目运维管理阶段。项目运维管理涵盖了运维机构组建，人员招聘及培训，备品备件和专用工器具配置、设施的运行和维护、检修规程的制定等建章立制工作，做好项目运维管理是确保工程顺利建转运的关键，也是确保项目稳定运行的基础。

1. 运维机构组建

美丽山二期项目试运行阶段，项目公司新设立了综合计划处和技术处两个部门。项目公司在工程现场组建了里约运维工区、欣古运维工区和线路运维工区三个工区，分别位于里约换流站、欣古换流站和特高压沿线运维营地。

美丽山二期项目进入正式转运维阶段后，项目公司本部保留了上述两个部门，其他处则合并到巴控公司相应部门，项目公司按照巴控公司部门化管理方式运作。项目公司运维阶段的机构设置如图7-1所示。

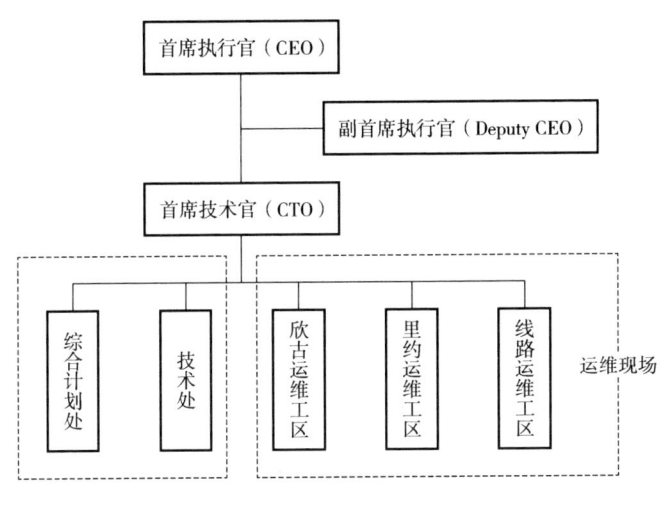

图 7-1 项目公司运维阶段机构设置

在运维管理模式选择上，美丽山二期项目借鉴美丽山一期项目经验，采用跨国集团化运维管理模式，遵循有利于提高项目可用率、节约成本和提高管理效率、发挥专业化和属地化优势的原则。

2. 人员招聘及培训

项目公司采用完全市场化的方式招聘运维团队巴方人员，招聘对象主要是输电行业的资深管理人员和实践经验丰富的运行人员、设备维护人员等。培训工作紧密结合特高压设备的特点和现场运行维护的难点展开，注重设备厂家人员的现场操作指导培训，在理论培训的基础上大力开展现场实际操作和演练，通过现场设备安装跟踪及验收、配合参与工程调试工作，加快运维人员技术技能的提升。

（1）人员招聘。招聘不同年龄层次、不同专业背景、不同工作经历的专业人员，组建美丽山二期项目运维团队。高效灵活的用人机制提升了项目运维管理水平，发挥了巴方员工熟悉当地政策环境的优势，加强了与ONS等监管机构和其他项目业主的沟通协调，提高了运行和故障处置效率。

（2）人员培训。特高压直流输电工程设备数量庞大、技术含量高，换流阀、换流变压器、直流控制保护系统、阀冷却系统等都是在巴西少见的设备，运维人员必须经过系统性培训才具备上岗条件。人员培训包括特高压直流输电理论知识培训、现场培训，以及特高压直流输电线路运维作业培训。

3. 备品备件和专用工器具配置

备品备件和专用工器具的配置对工程故障后的快速恢复至关重要，项目公司高度重视此项工作。

（1）备品备件。美丽山二期项目备品备件的配置原则，既考虑了核心设备均为国产的情况，也考虑了美丽山二期项目和美丽山一期项目间的共享使用机制。项目公司共配置了换流变压器套管、电容器、电抗器等19大类设备，共计7163个换流站备品备件，以及足够的线路备品备件。在备品备件布置上，充分考虑了换流站仓库和线路11个运维营地的布局、备品备件需求响应速度，明确了配置种类和数量。

（2）专用工器具。项目公司在设备采购和生产准备期间，配置了大量专用工器具，以满足美丽山二期项目日常运行、检修、维护的需要。换流站配置了阀厅平台车、换流阀试验仪和油化实验室等常用工器具；考虑到跨区域和维护便捷需求，还配置了皮卡式高空作业平台车、吊臂式卡车等一批实用型机械设备。

4. 建章立制

为规范美丽山二期项目运行管理工作，明确运维管理职责、内容与流程，项目公司根据项目运维实际需要，制定了运维规程与制度。这些规程与制度主要分为通用部分和直流专用部分，其中通用部分的内容是按照巴控公司运维要求编制的。

欣古换流站和里约换流站分别编制了运行规程和检修规程，其中检修规程是按照 ANEEL669 号文件的最小检修要求编制的。两站均存放了 ONS 发布的电网规程规定及巴西其他相关机构发布的管理制度，供运维人员执行。两站还均配置了直流系统典型操作票、典型缺陷作业指导书和应急预案。此外，两站均制定了换流变压器应急处理预案、高压直流穿墙套管预案、高压平波电抗器应急处理预案等各类设备处理预案。

项目公司的运维管理提升措施如下：运维团队的中方人员在梳理巴控公司原有规程制度体系的基础上，结合《国家电网公司十八项反事故措施（2012 年修订版）》《国家电网公司二十一项直流反事故措施》等反事故技术要求，国家电网运维管理"五通一措"、《国家电网公司变电站典型设计》《国家电网公司二次设备技术监督实施细则》等规程规定要求，修订和完善了项目公司运维管理规程。

规程和制度对项目成功做出的贡献如下：在美丽山二期项目试运行期间，调相机厂家、换流阀厂家在设备消缺中连续出现误碰和安全措施不到位引起的停电故障。项目公司运维团队分析了故障原因，并引入国家电网二次工作安全措施票制度，迅速扭转了巴西电网基建现场经常发生的误碰、误整定和误接线的继电保护"三误"问题,提高了现场作业水平。

7.3 生命周期管理超越小结

美丽山二期项目采用的是特许经营权协议,作为"绿地"项目,其整个项目生命周期远远超越了项目管理知识体系指南(PMBOK®指南)的定义范畴。该项目的生命周期不仅需要"瞻前顾后,前伸后延",还要"中间合规"。"绿地"特许经营权项目的生命周期包括项目前期、工程前期、工程建设、安装调试、投运维护、项目移交。

1. "前伸"阶段超越

"前伸"是项目往前延伸的阶段,包括商机挖掘、方案设计、投标启动等工作。项目前期阶段若不成功,项目就无法存续。"熟地"项目根据特许经营协议,直接进入投资、运营、移交阶段。然而,"绿地"项目的生命周期必须前伸至方案设计和投标工作。

2. "后延"阶段超越

"后延"是工程建设完成并投运后的运维阶段。特许经营权项目需通过项目的运营和维护实现投资回报。为此,特许经营权输电工程项目需超越传统项目全生命周期的设计和成本管控思维,必须后延至项目运营和维护阶段。

另外,在美丽山二期项目的工程前期阶段,特许经营权项目在满足监管要求和合规性工作方面,也超越了PMBOK®指南的管理范畴。如征地、青苗赔偿(以下简称"青赔")、环境保护、跨越协调、设备物资采购、融资等专业服务的管理,都需在工程前期和建设期间办理完成。

第 7 章 生命周期超越

> 青赔指在征地过程中，对于被征收土地上已播种的农作物进行的补偿。这些工作往往涉及政策解读、法律程序、与农民沟通等多个方面，需要专业的知识和技能。

美丽山二期项目生命周期管理通过"前伸后延"的超越管理，将 50 个月的建设工期提前 100 天建成投运，提升了建设标准，以设备/材料全生命周期成本最低原则采购，节省了生产准备预算等，为项目公司争取了额外收益。

第 8 章　知识领域超越

8.1　项目管理知识领域综述

在美国项目管理协会编写的《项目管理知识体系指南（PMBOK® 指南）》（第六版）中，总结并归纳了项目管理的十大知识领域。这些知识领域为项目经理及其团队提供了一套系统的框架，有助于更有效地规划、执行和监控项目。这些知识领域是根据项目管理实践经验总结而来的，已被广泛认可和应用。十大知识领域具体包括项目整体管理、项目范围管理、项目时间管理、项目成本管理、项目质量管理、项目资源管理、项目沟通管理、项目风险管理、项目采购管理和项目利益相关方管理。这些知识领域相互交织，共同构成了项目成功实施的基础。

十大知识领域如下。

1. 项目整体管理

项目整体管理旨在确保项目的各个部分能够协调一致，以达成项目目标。它涉及制定项目章程、制订项目管理计划、指导和管理项目工作、监控项目工作、实施整体变更控制及项目收尾等过程。

2. 项目范围管理

项目范围管理涉及定义和控制项目包含的工作内容。它包括规划范围管理、收集需求、定义范围、创建 WBS、确认范围和控制范围等过程。

3. 项目时间管理

项目时间管理关注项目进度的规划和控制。它包括规划进度管理、定义活动、排列活动顺序、估算活动持续时间、制订进度计划和控制进度等过程。

4. 项目成本管理

项目成本管理涉及规划、估算、预算和控制项目成本。它包括规划成本管理、估算成本、制定预算和控制成本等过程。

5. 项目质量管理

项目质量管理旨在确保项目交付的产品或服务符合既定的质量标准。它包括规划质量管理、管理质量和控制质量等过程。

6. 项目资源管理

项目资源管理涉及有效地管理项目团队及设备/材料等资源的过程。它包括规划资源管理、估算资源、获取资源、建设团队、管理团队和控制资源等过程。

7. 项目沟通管理

项目沟通管理确保项目信息能够被及时、恰当地产生、收集、分发、存储、检索和最终处置。它包括规划沟通管理、管理沟通和监督沟通等过程。

8. 项目风险管理

项目风险管理涉及识别、分析和响应项目风险。它包括规划风险管理、识别风险、实施定性风险分析、实施定量风险分析、规划风险应对、实施风险应对和监督风险等过程。

9. 项目采购管理

项目采购管理涉及从外部获取资源和服务，以确保项目顺利进行。它包括规划采购管理、实施采购和控制采购等过程。

10. 项目利益相关方管理

项目利益相关方管理涉及识别和分析项目利益相关方，并制定相应策略来管理他们的参与方式和影响程度。它包括识别利益相关方、规划利益相关方管理、管理利益相关方参与和控制利益相关方参与等过程。

在特定的项目中，需根据项目的实际需要，因地制宜，对十大知识领域进行裁剪或拓展。例如，美丽山二期项目管理除涵盖这十大知识领域，还包括项目环保管理、项目征地管理和项目合规性管理等。

8.2 知识领域管理超越实践

8.2.1 环保管理

1. 项目环保管理过程

随着全球经济的快速发展，环保问题已逐渐成为各国关注的焦点。在项目管理过程中，环保管理已成为决定项目成功与否的关键因素之一。项目环保管理旨在降低项目对环境的负面影响，推动可持续发展。在美丽山二期项目中，环保管理被赋予了极高的重要性，并为此制定了项目环保管理过程标准。项目环保管理过程如图 8-1 所示。

第 8 章 知识领域超越

```
┌─────────────┐      ┌─────────────┐      ┌─────────────┐
│    依据     │      │  工具和技术 │      │    输出     │
├─────────────┤      ├─────────────┤      ├─────────────┤
│• 法律法规与环│      │• 环境影响评价│      │• 环保管理计划│
│  保标准     │      │  工具（EIA）│      │• 环保监测报告│
│• 环境影响评估│ ===> │• 生态补偿与修│ ===> │• 社会影响评估│
│  报告       │      │  复技术     │      │  与补偿报告 │
│• 生态敏感区域│      │• 社区参与和沟│      │             │
│  调查资料   │      │  通策略     │      │             │
│• 社会经济影响│      │• 环保监测与数│      │             │
│  评估报告   │      │  据分析系统 │      │             │
│• 环保资源需求│      │• 环保管理体系│      │             │
│  清单       │      │  （EMS）    │      │             │
└─────────────┘      └─────────────┘      └─────────────┘
```

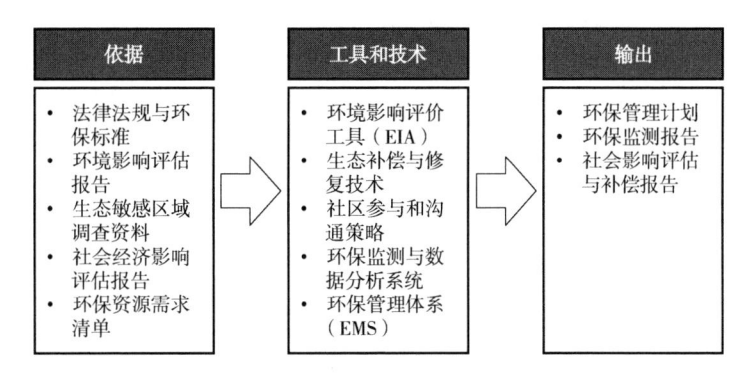

图 8-1 项目环保管理过程

项目环保管理过程是项目管理的重要组成部分，它主要包括依据、工具和技术、输出三个部分。

（1）依据。项目环保管理的依据主要包括以下几点：

1）法律法规与环保标准。包括巴西联邦和州级的环境保护法律法规，如《巴西环境法》《巴西水法》等，以及国际环保标准 ISO 14001 等。这些法律法规和标准为项目的环保管理提供了坚实的法律依据和执行标准。

2）环境影响评估报告（EIA-RIMA）。EIA-RIMA 报告是巴西项目的法定要求，它深入分析了项目可能对环境产生的直接影响和间接影响，并提出了相应的缓解措施。

3）生态敏感区域调查资料。项目穿越的生态敏感区域的相关资料，包括动植物种类、生态系统类型、自然保护区边界等，为项目环保管理提供了关键参考。具体包括生态敏感区域地图、生态敏感区域特征描述、生态保护要求与限制。

4）社会经济影响评估报告。评估项目对当地社会经济的影响，涵盖就业、基础设施、社区生活等方面，以便制订相应的社会责任计划。

5）环保资源需求清单。列出项目环保管理所需的人力、物力、财力等资源，确保环保措施能够得到有效实施。

(2) 工具和技术。项目环保管理工具和技术主要包括以下几点：

1) 环境影响评价（EIA）工具。EIA 工具用于系统识别和评估项目可能对环境产生的负面影响，并提出相应的减轻措施。在巴西，EIA-RIMA 是强制性环保管理工具。

2) 生态补偿与修复技术。采用生态补偿和修复技术，如创建人工湿地、实施植被恢复计划等，以补偿项目对生态系统造成的损害。

3) 社区参与和沟通策略。通过社区会议、工作访谈、问卷调查等方式，促进当地社区参与项目环保管理，增强项目的可接受性和社会认可度。

4) 环保监测与数据分析系统。利用先进的监测设备和技术，建立环保监测系统，对关键环境指标进行实时监控，并通过数据分析评估环保效果，为环保管理提供依据。

5) 环保管理体系（EMS）。建立符合 ISO 14001 标准的环保管理体系，确保项目环保管理活动的系统性和连续性。

(3) 输出。项目环保管理输出方式主要包括以下几点：

1) 环保管理计划。环保管理计划是项目环保管理的行动纲领，它明确了环保目标、策略、具体措施、责任分配和时间表。其内容包括环保管理实施计划、环保目标和指标清单、环保措施执行时间表。

2) 环保监测报告。环保监测报告记录了项目实施过程中的环境监测数据，用于评估环保措施的有效性和环境的变化情况。其内容包括定期环保监测报告、环境质量分析报告、环保设施运行效果评估。

3) 社会影响评估与补偿报告。该报告总结了项目对当地社会的影响，以及所采取的补偿措施和取得的效果，体现了项目的社会责任。具体包括社会影响评估与补偿最终报告、社区活动参与记录、社会责任实施成效评估报告等。

2. 项目环保关注要点

在项目中，环保是一个至关重要的方面，它涉及保护自然环境、减少污染、节约资源等多个层面。项目环保主要关注以下问题：

（1）环境影响评估。在项目启动之前，开展 EIA 非常重要，这有助于项目团队了解项目可能对周边社会及自然环境产生的影响，并据此制定相应的保护措施。

（2）资源节约。在项目实施过程中，应尽可能减少资源的使用，包括水、能源和原材料。采用节能、减排、循环利用等技术手段，降低项目对环境的压力。

（3）废物处理。项目中产生的废物应得到妥善处理，可采用分类回收、无害化处理等方式，避免项目废物对周围环境造成污染。

（4）生物多样性保护。如果项目涉及对自然生态环境的影响，应采取措施保护当地的生物多样性，如保护濒危物种及其栖息地。

（5）污染防治。对于可能产生污染的工艺和设备，应采取相应的防治措施，确保废气、废水和废渣达标排放，避免对环境造成污染。

（6）使用环保材料。在项目设计和施工过程中，应尽可能使用环保材料，如可回收材料、低挥发性有机化合物（VOC）涂料等，以减少对环境的负面影响。

（7）推广绿色技术。采用绿色施工技术、绿色建筑标准等，以减少水土流失、能源消耗、降低污染和浪费，并提高建筑的可持续性。

（8）社会参与和沟通。在制定环境保护措施时，应充分考虑当地居民和利益相关方的意见，开展公众参与和沟通，建立透明的信息披露机制。

通过采取上述措施，项目团队能够确保项目的环保工作得到有效落实，减少对环境的负面影响，并为可持续发展做出贡献。

3. 项目环保管理领域的应用实践

如何通过第三方合作进行合规性申请和送审，以及如何争取利益相关方的支持以解决环评环保和合规性许可问题，将成为大型国际项目管理的"生命线"。在美丽山二期项目中，项目团队从环境工作、监管体系、许可申请等多个方面进行深入探索，并形成了成效卓著的环保合规性管理实践。

（1）项目环保工作。项目的环境影响研究工作需对项目两端换流站及输电线路初始路径所经过区域的所有物理环境、生物环境和社会环境等进行全面、深入、细致的调查、研究和评估。这一过程涉及工程学、生物学、地质学、社会学、考古学等十几个学科领域，规模庞大，内容复杂。

项目的环境影响研究工作和环境影响研究报告主要包括 5 个方面的内容：项目基本情况和特点，项目环境诊断（物理环境、生物环境、社会经济环境），环境影响合规性识别和影响评估，路径通道选择方案，项目环境保护合规性方案。具体环境合规性管理工作开展情况如下：

1）项目基本情况和特点。项目的基本情况包括线路铁塔基础设计标准和技术信息，如线路初步路径、初步地籍调查信息、换流站及接地极位置、铁塔的不同类型及其应用场景、导线线径、电气安全距离等；还包括项目初步建设方案，如换流站平面布置图、排水及土方工程设计方案、废弃物处理方案、聘用员工数量、建设周期、现场工序、营地分布及数量等。

2）项目环境诊断。项目环境诊断是对项目两端换流站和输电线路初始路径所经过区域的所有物理环境、生物环境和社会环境现状进行深入、彻底的调查、研究和评估，以识别工程建设和运营对各类环境可能产生的主要影响。具体如下：

①物理环境合规性。对高坡度地段及悬崖峭壁地区的影响；对河流河道的影响；与各种已建工程管线和公路的平行度；对各种矿区的影响；对景区、自然保护区、国立及州立公园的影响；对天然洞穴和各类考古遗迹的影响。对于物理环境的诊断，主要通过实地调查和查询区域环境特性数据进行综合分析评估，主要包括气候和气象数据、噪声等级、地震活动度、水资源、地质地貌、古生物遗迹、土壤、天然洞穴、污染区等。

通过调查评估，项目环保团队识别并确定了项目周边范围内所有的敏感物理环境区域。例如，实地调查确认了46个新岩洞，分别位于托坎廷斯州和米纳斯州，此前巴西科学界尚未知晓这些岩洞的存在。再如，根据巴西国家文物局的数据库，在项目调查区域（输电线10km左右范围）内，识别出项目可能会影响627个考古遗址，包括各种具有历史价值的房屋、教堂、礼拜堂和历史农庄等。在考古探勘活动中，在输电线路的地役范围内还发现了34个新的考古遗址。

其他常规的，如对容易引起水土流失的高边坡和河流区域，可能会与输电系统建设和运行产生冲突的矿物开采区、作物种植区，以及各种已有工程管线和公路等的状况信息，也都进行了全面识别和记录，为环境影响评价和项目路径优化等工作提供了翔实的基础资料。

②生物环境合规性。对可能需清除植被区域的动植物生态系统所产生的影响；对自然保护区的影响；开辟出入通道的必要性。

生物环境诊断旨在调查确认受项目影响的陆地生态系统的特征，识别项目区域内的动植物物种，特别是濒危物种。此外，还需确认项目沿线途经的需特别保护的公园和保护区。项目环评团队在项目所经过的 5 个州的 16 个采样点，以及 3 个生态区（大西洋生态区、塞拉多生态区和亚马孙生态区）中，对动植物生态系统和物种进行了全面调查。调查共确认了 820 个植物物种，其中 40 个木本物种和 11 个兰花科和凤梨科物种属于濒危物种，需进行救援保护，典型的物种有巴西坚果、雪松、桃花心木等。在动物方面，观测记录了合计 936 个动物物种，包括 83 种两栖动物、78 种爬行动物、174 种哺乳动物和 601 种鸟类，其中有 34 种鸟类正濒临灭绝，尤其是蓝金刚鹦鹉、猴鹰和食籽雀等，情况危急。

③社会环境合规性。项目与城乡社区的邻近程度；对安置房的影响；对土著部落和黑奴后裔部落的影响；对土地使用和侵占的影响。这些方面的评估主要通过查询社会统计数据和实地调查进行。主要任务有两个，一是识别修建输电设施对相关区域直接和间接的影响，以及其他需要关注的情况要点，做好现场记录和拍摄照片，并编写实地调查报告；二是与受影响的民众、弱势群体、既有的社会组织进行访谈，以评估项目公司的环境保护方案是否符合这些群体的需求，以及方案实施可能遇到的潜在阻碍或支持群体等。

社会经济环境诊断最重要的成果是，在项目沿线区域内识别出帕尔马雷斯文化基金会（保护和促进巴西黑人文化的机构）认证的 33 处黑奴后裔社区，项目线路应尽量避免穿越这些社区。

3）环境影响合规性识别和影响评估。根据项目环境诊断调查的结果，项目环保团队识别出在项目的规划期、建设期和运行期共有 43 个环境条目会受到项目影响，其中包括物理环境方面的 9 个条目、生物环境方面的 11 个条目、社会经济环境方面的 23 个条目，其中 38 个为消极影响、5 个为积极影响。

第 8 章　知识领域超越

4）路径通道选择方案。根据"避让为先"的环保总体策略，首要任务是优化调整输电线路的路径，以尽量避开各类受影响的环境敏感区域。

路径的优化调整主要遵循以下原则：避开原始森林、高山峡谷、大型自然保护区。避免干扰永久保护区和法定保护区，不在这些区域内修建进站道路、铁塔、牵张放线场和营地，减少这些区域内的植被清理。尽可能避免跨越森林覆盖区，减少植被砍伐量。避开容易引起水土流失的高坡度地段及悬崖峭壁地区。避免线路路径平行于河流，以免河堤水土流失和影响河水质量；在无法避开河道的情况下，尽量选择水面跨距最小的路径，以减少对河堤、森林保护带的破坏。避开天然洞穴和各类古生物、传统历史文化等考古遗迹。避开土著部落、基隆博拉社区（黑奴后裔社区）和安置房。避开与工程有冲突的矿区和其他作物种植区。与人口聚集的城乡社区保持距离，避免对这些区域的干扰。避免影响机场航线、鸟类迁徙路线。优先与已有输电线路或其他工程管线路径平行，以利用原有进站通道。尽量利用已有进场通道或线路走廊通道，避免修建新进场道路。

项目团队根据上述原则，对项目线路路径进行了大量优化调整，最终形成的直流输电线路路径相比原招标文件规划线路更改了 161 处，绕开了大量的环境敏感区域。例如，在线路工程标段 1 和标段 2 区域避开了大片原始森林，避开了项目区域范围内所有的 627 个考古遗址，避开了所有的天然洞穴，避开了输电线路地役范围内新发现的 34 个考古遗址中的 11 个，确保了项目对环境影响的最小化。

5）项目环境保护合规性方案。对于无法通过路径优化完全避开的受影响环境区域，如无法避免的植被清除等情况，需制定相应的环境保护方案和措施。对于各类消极影响，应采取弱化、监控、保护和补偿等措施；对于积极影响，则应采取强化措施使其效果最大化，如项目创造就业岗位属于积极影响，强化措施可以是聘用当地人，从而增加受影响民众的收入。

巴西环保署要求项目公司在环境影响研究报告中纳入环境保护实施计划，该计划旨在证明在现有技术经济条件下，这些受影响的环境条目都能够通过一定的措施得到保护或补偿，即证明项目实施在环境上是可行的。项目公司针对所识别出的、无法避免的各类受影响环境条目，初步规划了 7 个方面的环境保护方案。美丽山二期项目环境保护实施计划如图 8-2 所示。

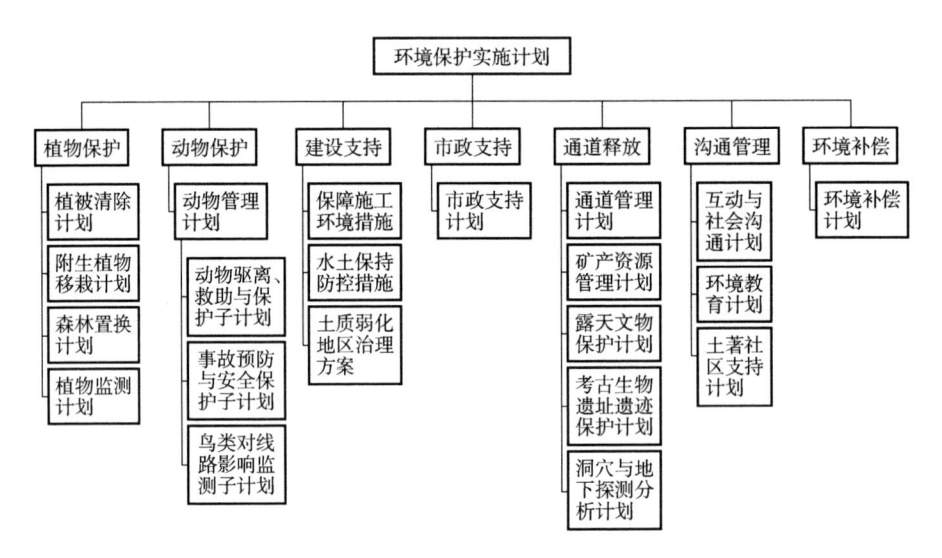

图 8-2 美丽山二期项目环境保护实施计划

经过 7 个月的紧张工作，项目公司于 2016 年 3 月 24 日向巴西环保署提交了环境影响研究报告。随后，项目公司各专业团队根据巴西环保署的审查意见，对工程全线再次进行了 20 余次优化。2016 年 6 月 22 日，美丽山二期项目环境影响研究报告顺利通过巴西环保署预审查。巴西环保署将项目环境影响报告分发至项目沿线的 5 个州环保局、78 个城市政府及 6 个保护区管理机构等部门，进行法定 45 天的公示。然而，此时项目进度较里程碑进度推迟了 30 天。

（2）环保许可申请。根据巴西环保法规的要求，凡在巴西境内开展的建设项目或生产活动，如涉及植被清除，都须向巴西环保署等环保监管机构提交规定文件，申请植被清除许可证，获批后方可启动场地清理行动。

植被清除许可证的申请流程如下：在巴西环保署确定工程最终路径后，需沿输电通道完成现场植被调查，计算植被清除量、编制工程现场的植被清除方案和补偿恢复方案，提交至巴西环保署申请植被清除许可证。巴西环保署通常会将植被清除许可证与施工许可证一并审批和签发。

1）申请材料的准备和提交。美丽山二期项目在 2017 年 2 月 23 日获得环保预许可证后，项目公司根据环保预许可证批复的技术要求，全面开展施工许可证和植被清除许可证申请资料的修改完善工作。2017 年 3 月 21 日，项目公司正式向巴西环保署提交施工许可证和植被清除许可证的申请报告和相关申请材料。

2）审核批复工作的积极推动。巴西环保署在收到工程项目的施工许可申请后，正常情况下至少需要 4 个月的时间进行审核，但由于当时巴西政府领导更迭，主管机构负责人多次更换、工作效率受到影响；加之项目本身规模较大，所需审核时间进一步延长。为加快项目施工许可审批进度，确保工程有足够的施工时间，项目公司在提交施工许可申请后就积极推动审核工作进程。

提交施工许可申请后，项目公司多次分别拜访巴西环保署、中国驻巴西大使馆、矿产能源部、环保部、内政部，以及其他考古、文物遗产等专业审查机构。项目公司详细介绍了项目施工许可申请材料、落实巴西环保署有关技术要求的情况，以及项目对巴西经济和社会发展的重要意义，积极寻求各个机构的理解、支持和协调。在此期间，2017年6—7月，巴西多个政府部门停摆或举行罢工，项目公司通过艰苦协调，促成了在罢工期间巴西环保署动员员工在家办公并利用周末时间进行评审等非常举措。

最终，在2017年8月10日，即签署特许经营权协议后22个月，项目公司取得环保施工许可证。尽管比理想的里程碑工期推迟了4个月，但仍然赶在旱季（旱季为5—10月，雨季为11—次年4月）开工，为项目建设赢得了当年旱季施工的宝贵时间，为项目提前100天正式投运奠定了重要基础。施工许可证的取得，离不开中国驻巴西大使馆和巴西相关政府部门、监管机构的支持，它是各方与环评服务公司及各EPC承包商等合作伙伴团结一致、不屈不挠、夜以继日、努力奋斗的结果。

（3）环保实施方案。

1）环境保护合规性方案实施的全过程管理。项目环境保护方案与工程施工同步实施。项目公司从队伍、过程、控制和验收4个方面对施工过程中各项环保措施和各项社会环境方案的实施质量进行全过程管理。

项目公司在各标段施工现场均设立业主现场项目部，并派驻现场经理，负责指导、协调和监督EPC承包商严格遵循环境保护方案的各项要求。同时，环保服务公司在每个施工工作面都派驻了动植物专家，进行实时的环境监测。EPC承包商按照既定的环保标准进行施工，完成必需的环保工程，履行各项环保义务，旨在将工程建设对环境的影响降到最低，以确保所有建设活动和记录都完全符合巴西环保署的要求，从而能够按期获取项目环保运行许可证。

项目施工对环境的影响主要集中在输电线走廊、进场（塔）通道的开通，以及换流站、铁塔、营地等施工区域的基础开挖，这些工作涉及大量的植被清理和移土作业。为此，项目公司要求各EPC承包商必须严格按照环境保护方案的工程支持方案进行施工作业和施工后恢复，以最大限度地减少施工作业所造成的环境影响。

2）植被清除和保护合规性方案的实施。植被的砍伐清理工作必须严格按照环境保护方案的植被清除方案和植被清除许可证规定的流程和规范进行。主要步骤包括：确定砍伐通道、清理植被、堆放被砍伐的树木、接受现场森林工程师的测量、编写植被清除报告并上报巴西环保署审核，以及根据森林补偿种植方案进行补偿再造。

为减少植被砍伐量，对于必须清理的通道，项目团队首先考虑采用各种设计和施工方案减少必须砍伐的面积。例如，项目的第一标段位于亚马孙雨林中，通道总长度达到 250 多 km，需要采取最严格的保护措施。因此，在线路必须经过的森林覆盖区，项目团队尽可能采用自立塔和加高型铁塔减少植被清理量。在整个标段的 469 座铁塔中，有 246 座是自立塔，这种型号铁塔的塔位面积比其他类型小，所需砍伐的面积也更少。此外，该标段采用的加高型铁塔较全线平均塔高都高，最高的达到 125m，相当于一座 40 层高的建筑物，使得输电线位于树冠上方，从而大大减少了砍伐量。亚马孙雨林如图 8-3 所示。

图 8-3 亚马孙雨林

对于不得不进行的砍伐，项目团队采取了在输电走廊内实施最小化砍伐宽度或选择性砍伐的策略，即仅对那些可能对运行安全构成风险的树木进行砍伐。例如，采用削头型砍伐方式，只削剪离导线太近、达不到安全距离的树木部分，以最大限度减少砍伐量。对位于亚马孙热带雨林中的项目第一标段，采用这种选择性砍伐方式，相较于原规划方案，林木砍伐量减少了40%。

在自然植被砍伐之前，项目环保团队要对被砍伐区域存在的植被进行详细的调研，包括种子、树苗、果实，以及附生植物（兰花和凤梨等），并进行详细记录。在树木被砍伐之前，需要对植物种子和附生植物进行转移营救。为此，项目公司专门建立了一个珍稀植物救援中心，识别出超过800种植物物种，其中有60种为濒危物种。

项目原预计砍伐的植被区域总面积约为1191公顷，通过采取优化措施，实际砍伐量为890公顷。遵循环境立法要求，项目公司对施工阶段所砍伐的森林面积和树木体积实施了异地复植，共计完成再造林总面积436公顷。

3）动物保护合规性方案的实施。项目团队在清理植被的过程中，按照环境保护方案的动物管理方案实施了动物保护活动。只有在获得捕获、收集和运输野生动物的许可证后，才能开始砍伐森林的活动，且必须由负责救援、驱离野生动物的小组陪同。

砍伐树木所使用的电锯会产生噪声，导致植被砍伐区域的动物群自发逃离，但有些动物个体因自身原因（受伤或行动缓慢等）无法逃离而滞留当地，此时需要由专业人员组成的动物驱离团队对滞留动物实施驱离、救援或放归。

项目公司为工程的每个标段都配备了多支动物驱离队伍，每支动物驱离队伍由至少三名生物学、兽医学等多学科的专业人员组成。

为最大限度地保护动物,项目公司还专门制定了工作人员环境教育方案,以培养员工预防动物发生意外的意识,尤其是在森林附近区域驾驶车辆时,以及在进行植被清除活动时。

在整个建设过程中,项目团队共进行了4468个记录在册的各种动物驱离、观察、救助、隔离和收集行动。其中,仅收集到221只动物死亡或濒临死亡(占4.95%),其余全部获得救援,救助率高达95.05%。救助行动大部分都是现场救援,共有2630次(占58.86%),另进行了776次轻度动物驱离(占17.37%);针对鸟巢或蜂巢进行了666次隔离行动(占14.91%),对雏鸟和鸟蛋的观察保护175次(占3.92%)。

此外,在工程穿越的三个不同生态区,项目团队一共记录了604个动物物种,为累积巴西生物多样性知识做出了重大贡献。

4)考古和古生物遗迹保护合规性方案的实施。在工程的基础开挖等移土作业过程中,极有可能出现前期环境影响研究中所发现的考古遗迹和古生物遗迹。因此,对施工区域的考古勘探和对疑似遗迹物品的识别、评估和保护工作,贯穿了整个建设施工过程。

项目公司用了近一年的时间完成考古勘探工作。其中,约80%的勘探工作在工程施工前完成,在未发现考古遗迹的地方,项目公司报巴西历史和艺术遗产管理署许可后按期启动施工,确保了项目的施工进度。

对于发现需抢救的考古遗迹的区域,必须暂停施工,制定相应的考古遗迹管理方案,报巴西历史和艺术遗产管理署批准,实施抢救工作后才能继续施工。项目公司在全线考古勘探工作完成后,编制了《考古遗迹管理方案》(包括23个前期发现的待抢救考古遗址的抢救建议书),提交巴西历史和艺术遗产管理署审核通过后,才获得施工许可。

项目公司在沿线 27 个城市，对参与工程建设的员工、项目沿线附近的民众等目标群体开展了考古教育活动，传播了考古知识，提高了员工和民众对巴西文化遗产的价值认知，营造了积极参与文化遗产保护的良好氛围。项目公司还对参建员工进行了古生物遗迹考古培训。

5）黑奴社区环境合规性基本计划的实施。针对项目唯一无法避开的马拉基尼亚黑奴后裔保护社区，项目公司对其实施了援助补偿方案，即黑奴社区环境基本计划。

项目公司援助补偿的主要内容包括：在工程建设期间聘用了 33 名黑奴社区的求职居民；援建果汁厂及其配套的自流井和机房；帮助社区小微企业编制商业计划，提高企业管理水平和产品质量，拓宽销售渠道；协助社区获得由联邦政府颁发的奴隶避难区印花标签，该印花标签可以证明产品来源，以推广民族文化认知；举办农村创业培训和果汁生产技术培训等，并向社区居民发放培训课程结业证书。

援助改造的社区活动室于 2018 年 12 月如期完成，项目公司还资助了避难奴隶纪念馆项目，以反映当年黑奴抗争的历史，增强了社区居民的文化印记，唤起社区居民对这片土地上先祖的记忆。

通过上述援助方案的实施，项目公司带动了马拉基尼亚社区的 70 多个家庭的可持续发展，得到了社区居民的普遍拥护，使项目与社区构成了命运共同体。

6）项目运行合规性许可证的申请与批复。在工程建设全过程中，巴西环保署技术团队对项目现场进行了不定期检查，且均取得了满意的结果。项目公司于 2019 年 2 月下旬向巴西环保署提交了项目环境基本计划完成情况报告，以及遵循施工许可证中各项限制条件的证明文件，以申请项目运行许可证。

巴西环保署于 2019 年 4 月对全线进行了为期半个月的深入细致的现场核查，确认现场施工符合环境保护要求，各专业报告、资料记录全面，且项目各项环保工作均已履行完成。于是，巴西环保署于 6 月 26 日正式签发了美丽山二期项目运行许可证，这标志着项目具备了投运的关键条件。

8.2.2 征地管理

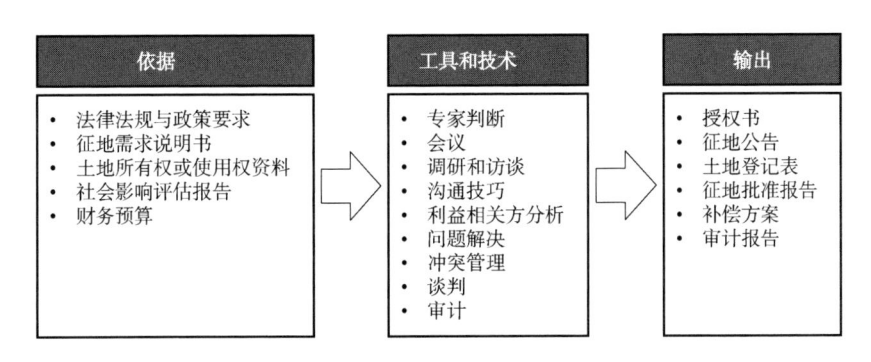

1. 项目征地管理过程

项目征地管理是项目管理中的一个关键环节，涉及获取项目所需土地的使用权或所有权。这一过程对于确保项目按计划顺利进行至关重要，尤其是在大型基础设施项目中，如美丽山二期输变电工程项目。征地管理包括规划、实施、监控和结束征地活动的所有工作，其目的在于合法、高效地完成土地征用，同时将对土地所有者和社会环境的影响降至最低。项目征地管理过程如图 8-4 所示。

依据	工具和技术	输出
• 法律法规与政策要求 • 征地需求说明书 • 土地所有权或使用权资料 • 社会影响评估报告 • 财务预算	• 专家判断 • 会议 • 调研和访谈 • 沟通技巧 • 利益相关方分析 • 问题解决 • 冲突管理 • 谈判 • 审计	• 授权书 • 征地公告 • 土地登记表 • 征地批准报告 • 补偿方案 • 审计报告

图 8-4 项目征地管理过程

（1）依据。

1）法律法规与政策要求。这主要包括法律法规清单，如《巴西土地法》《巴西物权法》《巴西环境法》等，以及地方政府制定的征地相关法规。此外，还包括政策文件，如政府发布的征地指导方针、补偿政策等。

2）征地需求说明书。征地需求说明书阐述了征地的目的、规模和具体要求，具体包括：

①项目概述。包括项目的目标、预期成果和地理位置。

②土地需求。明确所需土地的面积、位置和用途。

③项目时间表。规定征地的时间节点和进度要求。

3）土地所有权或使用权资料。它们是征地管理的基础，包括土地登记簿、地籍图、土地使用权证等。

4）社会影响评估报告。该报告评估征地对当地社会的影响，内容包括社会结构分析、经济影响评估、文化遗产保护等方面。

5）财务预算。征地管理财务预算包括征地成本、法律费用、补偿费用等，以确保征地活动获得充足的资金支持。

（2）工具和技术。项目团队在项目征地管理过程中采用的工具和技术如下：

1）专家判断。聘请土地法律、估价、工程等领域的专家，为征地管理提供专业意见，以确保征地活动合法和可行。

2）会议。通过组织不同阶段的会议，如项目启动会议、利益相关方协调会议等，确保征地管理过程中的有效沟通与决策。

3）调研和访谈。按照征地要求开展社区走访和线路规划调研，访谈涉及生态环境的利益相关方，最终拟定施工线路。

4）沟通技巧。运用有效的沟通技巧，如明确沟通目的、倾听与反馈、情绪管理等，与利益相关方建立良好的沟通渠道。

5）利益相关方分析。识别利益相关方，分析其利益、期望和影响力，制定利益相关方管理策略，以确保征地过程顺利进行。

6）问题解决。按照问题识别、原因分析和解决方案制定等步骤，解决征地过程中遇到的问题。

7）冲突管理。运用冲突识别、调解及和解协议等技巧，有效管理和解决征地过程中可能出现的冲突。

8）谈判。在谈判过程中，做好充分准备、运用谈判技巧、记录谈判内容，以达成征地协议。

9）审计。由第三方机构对征地的各个环节开展独立审计，审查征地过程的合规性。

（3）输出。

1）授权书。项目公司授权征地团队，使其拥有谈判和决策的权力。

2）征地公告。征地公告是向公众传达征地信息的正式文件，内容包括征地目的、征地范围、征地时间等，并在适当媒体上发布。

3）土地登记表。土地登记表详细记录征地过程中涉及的每一块土地的信息，包括土地编号、所有者信息、位置和面积等。

4）征地批准报告。征地批准报告是项目团队提交给政府部门审批的文件，包括征地理由、土地用途、补偿方案等内容。

5）补偿方案。补偿方案是针对受征地影响的土地所有者制定的补偿措施，包括补偿标准、支付方式和时间等。补偿方案应秉持公平合理原则，保障受影响群体的合法权益。

6）审计报告。对土地征用结果进行汇报，包括征用的面积、获取土地的方式、释放路权时间，以及对项目的影响和成本偏差等。

2. 征地过程

（1）征地流程。项目征地是为满足某个具体项目的需求，将土地从地主手中转变为供项目使用的行为。以下是土地征用的基本流程：

1）申请与审查。

2）上报与批准。

3）公告与登记。

4）实地调查与确认。

5）补偿与安置。

在集体土地征收中，需实地开展土地现状调查，调查内容包括土地的位置、权属、地类、面积，以及地上附着物和青苗等的权属、种类、数量等。这些调查需土地所有权人、土地使用权人共同参加并进行确认。

（2）征地注意事项。在土地征用过程中，需考虑环保与可持续发展，以及法律与政策支持，具体内容如下：

1）环保与可持续发展。在项目征地过程中，需充分考虑环保因素，确保项目符合环保要求，不会对周围环境造成不良影响。项目的规划和设计应充分融入可持续发展原则，确保资源的合理利用和环境的保护。

2）法律与政策支持。项目征地应严格遵守巴西相关法律法规和政策的规定。政府应提供必要的法律和政策支持，以保障项目征地的合法性，确保项目顺利进行。具体的项目征地流程和补偿标准可能因地区和政策的不同而有所差异。因此，在实际操作中，应根据具体情况进行相应的调整和安排。

3. 征地外包管理

外包第三方将征地和青赔等任务委托给专业的外部公司或机构执行。这种外包方式在工程项目中较为常见，尤其是当项目涉及土地征收、青赔等复杂问题时。

（1）征地外包的好处。将征地和青赔等任务外包给第三方公司或机构，可以带来以下好处：

1）专业性。第三方公司或机构通常具备丰富的经验和专业知识，能够更有效地处理征地和青赔等复杂问题，确保项目顺利进行。

2）降低成本。通过外包，企业可以节省在征地和青赔等任务中的人力、物力和时间成本，从而将更多的精力投入到核心业务。

3）提高效率。第三方公司或机构通常具备高效的工作流程和专业的团队，能够迅速地完成征地和青赔等任务，从而缩短项目的整体周期。

4）降低风险。征地和青赔等工作涉及政策、法律等多个方面，存在一定的风险。通过外包给专业的第三方公司或机构，可以降低这些风险，确保项目合规安全。

（2）征地外包选择的注意要点。在选择外包第三方公司或机构时，需要注意以下几点：

1）选择具备丰富经验和专业知识的公司或机构，确保其依法合规，能够胜任征地和青赔等任务。

2）与公司或机构签订明确的合同，详细规定双方的权利和义务，以避免后期出现纠纷。

3）认真核查公司或机构的资质和信誉，确保其具备合法经营和提供优质服务的能力。

4）在合作过程中保持密切的沟通和协调，确保项目能够顺利进行并取得成功。

4. 国际工程项目征地常见问题及解决措施

在国际工程项目中，征地是一个复杂且敏感的过程，尤其是在涉及私有制、跨越管理、部落和文物等方面时，可能会遭遇一系列常见问题。以下是对这些问题的详细分析：

（1）项目征地常见问题。项目征地过程中的常见问题如下：

1）土地所有权。在私有制国家，土地所有权通常归属个人或私人公司。因此，在征地过程中，需要与众多土地所有者进行谈判，这往往导致谈判过程复杂且耗时。

2）补偿问题。由于土地属于私人所有，征地补偿标准可能因土地价值、用途、地理位置等因素而有所差异，确定合理的补偿标准并与土地所有者达成一致是征地过程中的一个关键挑战。

3）协调困难问题。国际工程项目可能涉及多个国家或地区，需要与不同国家或地区的政府机构、企业和社区进行协商。这种跨地域管理可能导致沟通不畅、信息不对称等问题。

4）法规差异引发的问题。不同国家或地区的法律法规可能存在显著差异，且各行业内部的管理制度和流程均不同。项目在跨越河道、公路、已有输电线路、输油（气）管道、铁路，以及农场灌溉设施、小型私有农场等征地过程中需要遵守多个法律体系，从而增加了项目的复杂性和风险。

5）文化冲突问题。在某些地区，部落文化可能会对项目征地产生重大影响。如果项目征地涉及部落土地或资源，可能会引发文化冲突和部落抗议。

6）部落权益问题。在尊重和保护部落文化的前提下，确保部落的权益得到合理保障是征地过程中的一个重要环节。这包括与部落代表进行谈判、制定符合部落利益的补偿方案等。

7）考古调查问题。在征地过程中，可能会发现文物或历史遗迹。这需要进行考古调查以确定文物的价值和保护范围，这可能会增加项目的成本和时间。

8）文物保护问题。一旦发现文物，需要制定相应的保护措施以确保文物得到妥善保护。这可能包括调整项目规划、增加保护措施等，以确保文物不受损害。

（2）项目征地常见问题解决措施。项目征地常见问题的应对措施如下：

1）市场调研与法律风险评估。在项目启动初期，应开展充分的市场调研和法律风险评估，了解目标国家或地区的法律法规、土地制度、文化习俗等，为征地工作提供充分依据。

2）组建专业团队。组建专业的征地团队，团队成员包括法律顾问、谈判专家、文化顾问等，以确保征地工作的专业性和高效性。

3）加强沟通合作。加强与当地社区、部落和政府机构的沟通与合作，建立互信关系，共同应对征地过程中遇到的问题。

4）确保权益保障。制定合理的补偿方案，确保土地所有者和受影响方的权益得到合理保障，减少征地引发的冲突。

5）文物保护措施。一旦发现文物，应立即与当地文物管理部门取得联系，制定保护措施，并遵守相关法律法规。

国际工程项目征地是一个复杂且敏感的过程，需充分考虑各种因素并采取相应的应对措施。通过充分的市场调研、组建专业的征地团队、加强与当地社区和政府机构的沟通与合作等措施，可以有效降低征地过程中的风险，确保项目的顺利进行。

5. 项目征地管理领域的应用实践

（1）项目征地需求。美丽山二期项目是巴西有史以来最大的输变电工程，其建设用地规模庞大，所需输电通道路权和换流站永久用地面积总计超过3万公顷。由于所涉物权和土地所有者数量众多，项目征地工作面临巨大挑战。表8-1为项目征地与路权面积一览表。

表8-1 项目征地与路权面积一览表

序号	工程	里约站	欣古站	输电线	里约接地极	欣古接地极	合计
1	所有权面积（公顷）	100	美丽山一期巴控公司租用	—	187	132	419
2	地役权面积（公顷）	—	—	29845	—	—	29845

共涉及4371处物权，其中3898处为私人物权，分别归属3370名土地所有者。涉及的私人物权具体包括：线路工程涉及3864处私人不动产、换流站及接地极涉及17处不动产、中继站建设涉及8处不动产、运维基地涉及9处不动产。表8-2为各州项目物权数量一览表。

表8-2 各州项目物权数量一览表　　　　　　（单位：处）

序号	州	线路	换流站及接地极	中继站	运维基站	合计
1	帕拉州	794	2	2	3	801
2	托坎廷斯州	732	0	2	2	736
3	戈伊亚州	261	0	1	1	263
4	米纳斯吉纳斯州	1602	4	3	3	1612
5	里约热内卢州	475	11	0	0	486
6	总计	3864	17	8	9	3898

此外，还有569处公共领域的物权受到影响，包括联邦、州和市政道路，以及河流、溪流和铁路等。

两端换流站及接地极为永久用地，其征地工作需确保获得建设用地的完整所有权；输电线建设用地的征用，则侧重于获取输电线路轴沿途地面走廊（输电通道）的30年使用权，这一过程并不改变土地所有权性质，只需获得建设用地的地役权（路权）。项目公司将与土地所有者共同使用这些土地，以满足电能传输的特定公共利益需求。鉴于修建输电线路会对土地所有者的土地用途造成限制，项目公司需给予一定的补偿，以获取输电线路下方通道的地役权。无论是换流站土地所有权的获取，还是输电线路走廊地役权的获取，统一纳入征地范畴。

项目正式启动后，项目公司需提前完成计划施工场地的征用工作，并确保其达到开工标准。若无法按时完成，项目公司不仅面临承包商的索赔要求，还会对整个工程的正常建设进度造成不利影响。若投运延期，不仅会导致应有收益减少，还会受到巴西电力监管局的处罚。因此，项目的征地任务艰难繁重，挑战极大，主要体现在以下三个方面：

1）巴西实行土地私有制，因此，项目征地时，必须与所涉及的土地所有者逐一进行沟通、协商和谈判，确定对双方均公平合理的收购价格或补偿金。若涉及土地附着物或农作物受损等情况，还要商讨赔偿或迁建方案。由于项目所涉及区域广且物权数量庞大，导致项目征地的工作量极大。

2）巴西的土地征用法定程序十分复杂，土地所有权或路权的获取需通过平等协商达成一致或走司法途径两种方式，且都要履行严格的法律程序，各级政府主要履行监督职责。在征地过程中，难免遇到一些艰难的个案，需要反复耐心沟通、解释，甚至最终不得不诉诸法律诉讼途径，从而导致征地周期较长。

3）在做出项目征地决策时，需在征地成本控制、提高路权获取速度、确保工程建设进度和征地政策的一致性之间取得平衡。对于每个塔位、每块地役权的获取，都应从工程建设的整体需求出发，在保证项目建设进度的前提下，既要基于市场价格和实际情况评估合理的补偿价格，以控制征地成本，又要兼顾与土地所有者协商的难易程度，以及相邻地块补偿政策的一致性，多维度平衡难度极大。征地团队既要尽快通过友好协商解决相关问题，同时研判工程进度的整体态势，并把握好征地推进的速度与成本的关系尺度，又要尽最大努力通过友好协商，尽快解决征地问题，平衡难度极大，要求工作团队具备较高水平的谈判策略、技巧和极强的征地工作责任心。

（2）项目征地工作团队。与项目环评工作类似，项目征地也是巴西"绿地"项目建设中主要依赖本地化资源支持的工作，所需人员规模较大。考虑到项目规模庞大，项目公司将整个线路建设用地划分为830km、950km和850km三个标段，并最终选定了巴西市场知名的MAPASGEO、AVALICON和Medral三家征地服务公司，使其各负责一个标段的征地工作。这三家公司的主要服务内容包括编制评估报告、进行谈判、测量评估所征土地上可清除或不可破坏的农作物及农用设施、协调和监督建设活动，以及确认因项目建设而造成的损害赔偿等。

项目公司指派首席环保官分管征地工作，负责制定相关管理制度。项目公司管理层设立征地部，负责制定项目征地工作的策略，并对征地工作全过程进行统筹、监督和协调，以确保征地工作的进度和成本得到有效控制。征地部配置了1名主任、3名经理和约20名全职员工，包括土地分析师、律师、农业技术员、测量员等专业人员。其中，有6名员工被分别派到3家征地服务公司作为代表，负责督促、协调征地公司的工作，参与征地谈判，并对征地公司的报告和谈判结果进行审核。

此外，项目公司还聘请了德勤公司担任审计机构，专门负责对所征用的每一项物权的征地补偿价格进行审计和合理性控制。项目公司的征地团队在3年多的工作时间里，历经土地测量、地籍调查以及与土地所有者接触、联系、协商谈判、签署土地协议等一系列艰辛过程，最终在2018年8月圆满完成了项目所有征地工作，完全满足了项目建设用地需求，并将征地成本成功控制在预算范围内。

（3）项目征地管理措施。为实现项目工程建设的整体目标，项目公司确定了5项工作原则：

1）以满足项目施工进度和施工连续性需要为首要前提。项目施工进度的需求是征地工作的首要目标，必须按照计划进度，达到EPC总承包协议中规定的施工地块最低释放比例要求。在EPC承包商计划进入施工场地之前，需确保获得地块的路权，并完成相关准备工作，以满足开工条件。同时，征地工作应尽可能满足施工连续性的需求，地块的征用顺序应尽可能为EPC承包商的连续施工创造有利条件，减少跳塔施工的情况。

2）必须将征地总体成本控制在预算范围内。项目征地成本是工程总成本的重要组成部分，但由于估算的客观标准不统一，主要以当地市场近年成交价格为参考，最终的补偿价格主要取决于双方谈判结果，导致实现精确预算和成本控制的难度较大。为此，项目公司有针对性地制定并实施了有效的管理措施，以确保征地总成本控制在预算范围内。

3）兼顾补偿政策的前后一致性，避免引发各种不良连锁反应。由于每个征地个案的最终补偿价格在一定程度上取决于双方协商谈判的结果，容易出现补偿政策前后不一致的情况。因此，在征地协商谈判过程中，一定要避免前后补偿标准不一致，以免导致已经接受了公平标准的土地所有者事后反悔，或尚未谈妥的土地所有者产生不切实际的偏高标准期望，从而给后续征地工作增加不必要的难度。

4）征地补偿价格应尽量符合地方市场价格标准。在巴西，任何地块各种产权转让的交易价格都会公开，项目公司沿线征地价格也需要在当地市政登记并公布。类似地块相同产权的已有市场交易价格是项目征地补偿价格的主要参考标准。最终形成的征地补偿价格必须符合当地市场价格标准，做到公平合理，既不能偏低，也不能过高，以免给当地社会造成哄抬地价的不良影响，这不仅会损害公司形象、增加成本，还会破坏当地社会经济的正常环境。

5）采取友好协商的方式完成征地，谨慎采用司法途径。项目征地应尽可能通过友好协商的方式获取土地所有者的支持，谨慎采用诉讼方式。巴西法律规定，符合公共利益的基础设施用地具有优先权。尽管项目公司取得了由巴西电力监管局颁发的公用基础设施用地声明，可凭此通过司法途径向法庭请求优先释放受阻路权，但这并非最佳方式。原因在于，诉讼流程冗长，往往会影响工期。此外，整个工程还需在这些土地上至少运行30年，因此，与工程沿线居民建立和谐共存的命运共同体才是长久之计。

上述各项原则给项目的征地工作指明了方向和要求。项目公司征地团队制定了科学评估、预算控制、充分授权、司法托底、外部审计的征地管理策略，并取得了良好的效果，具体如下：

1）科学评估。对项目征地总成本做出相对合理且准确的估算，以此形成项目征地预算。这不仅是确定项目建设总成本、做出正确投资决策的前提，也是确保项目征地总成本不突破预算的关键。

从项目竞标特许经营权阶段开始，项目管理团队就着手组织沿线物权前期调查、征地及管理费用评估等项目征地成本的初步测算工作。项目中标后，更是要求征地团队及聘请的第三方专业机构在充分市场调查的基础上，以市场价格为主要参照标准，综合运用多种评估模型和方式，通过多个渠道对所有被征用物权的裸地路权补偿金、附着物价值等进行多轮次、多角度评估，并相互印证，以达成基本一致的结论，从而形成相对科学、公平、合理的补偿价格和征地成本预算。这既为项目公司针对每一项被征

第8章　知识领域超越

用物权所提出的建议补偿价格的公平合理性提供了充分依据，也增强了征地服务公司在与土地所有者进行协商谈判时的信心和说服力，有助于工作团队通过努力实现总成本不突破预算。

2）预算控制和充分授权。在形成合理的征地总成本预算后，项目公司采用"总体预算两级控制，单项预算上限控制"的预算控制模式，以确保征地总成本控制在预算范围内。具体而言，项目公司首先将某个标段的待征用物权划分成若干组合单元，每个单元包含若干待征用物权。由项目公司董事会首先确定每个标段和每个单元的征地总成本控制目标，然后扣除控制总预算的5%作为风险准备金，将总预算的95%下达给项目公司作为控制目标数并授权执行。项目公司高管则会在每个单元的下达控制目标数中再扣除5%作为预备金，将每个单元总预算的90%作为控制目标数下达给征地工作团队执行。

征地团队在控制目标数范围内享有充分的授权，可根据征地个案的实际进展情况，包括施工进度需求、谈判难度、补偿政策一致性等实际情况，在满足征地工作各项原则要求的范围内，自行决定征地个案的征用顺序、谈判进度，以及在个案建议补偿价格的基础上进行上下浮动，以满足现场的施工进度和施工连续性需要，但必须保证整个单元的征地总成本控制在控制目标数范围内。当某征地个案的拟补偿价格超过控制目标数的上限幅度（如10%或20%）时，则必须提交项目公司高管会或董事会决策。

通过预算控制和充分授权两项机制的结合，项目征地团队既能够坚守原则，又具备充分的灵活性，既满足了施工进度前提目标的需要，又有效地控制了征地总成本，确保不超出预算。

3）司法托底。在项目征地工作中，多数土地所有者在获取足额补偿后，会配合项目公司的征用手续并释放路权。然而，也有部分土地所有者

151

出于索要高额补偿或其他非金钱因素,即使在可获得征地补偿的情况下仍拒绝合作。针对这种情况,项目公司可依据巴西相关法律,凭借巴西电力监管局批复的公用基础设施用地声明,向法院提出诉讼,通过司法途径先获取相关地块的施工权。具体而言,在法院受理并认可项目公司的诉讼申请后,项目公司可将符合当时市场价的相关地块补偿金抵押给法院,并持法院开具的强制令先行进入有关场地开展相关工作(包括施工)。与该土地所有者的争议可在事后继续协商或通过诉讼解决。

在征地工作的后期阶段,为尽量避免采用司法解决方式,项目公司提出了创新的双赢谈判策略。在巴西,诉讼类似的征地案件时,无论是原告还是被告,都必须事先向法院提交诉讼标的价值的10%作为诉讼费。因此,当某征地个案有较强的诉讼解决倾向,且配合施工进度的需求较为急迫时,征地工作团队可酌情将该个案补偿价格最高上浮10%,与土地所有者谈判新价格,若土地所有者同意,可立即获得全额补偿金,而无须再走诉讼途径。

对于土地所有者而言,若同意新价格,则无须承担损失10%诉讼费的风险,也无须等待长达数年的诉讼期,可立即获得补偿金。在巴西通货膨胀较为严重的大背景下,许多原先有争议的土地所有者都乐于接受这一方案。

对于项目公司来说,此方案所付出的个案经济成本与走司法途径完全相同,但可以节省时间、满足项目施工进度需求,并能与土地所有者友好解决争端,为项目的建设和运营创造良好的环境。这一双赢方案为项目的后期阶段的征地工作进一步排除了争议。

若此方案不为土地所有者接受,项目公司可凭公共基础设施用地声明申请法院判决先行获取该地块施工权,相关补偿价格的诉讼则按正常司法程序进行,不影响项目施工。

4）外部审计。为严防项目征地工作中出现舞弊行为，项目公司在实施单项预算上限控制的基础上，进一步引入了第三方审计机制。项目公司聘请德勤公司作为项目征地工作的外部审计机构，定期对所征用的每一项物权的征地补偿价格进行审计和合理性评估控制。德勤公司还会到现场进行访谈和抽查，生成评估报告及问题建议。独立审计的工作确保每一项物权补偿价格的公平性和合理性，堵塞可能出现的漏洞。

（4）项目征地工作流程。为确保项目征地工作有序推进，项目征地团队制定了详细的工作流程，对征地工作实行严格的过程管理。团队全体成员必须严格遵照执行，以确保征地各环节工作合法合规、无遗漏、无差错、无延误。项目征地工作流程如图 8-5 所示。

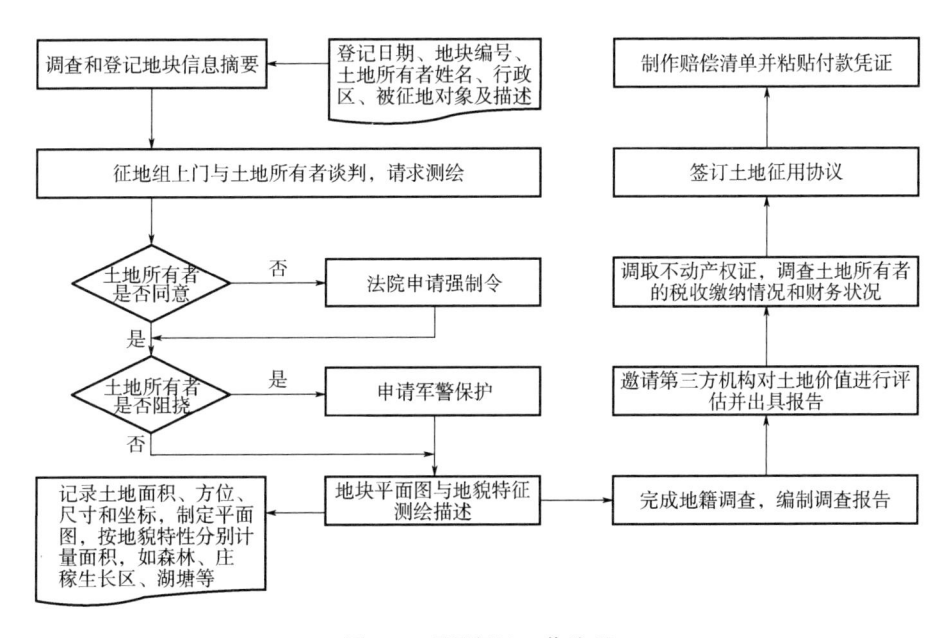

图 8-5 项目征地工作流程

上述流程中各主要环节的工作依次如下：

1）调查和登记地块信息摘要，包括登记日期、地块编号、土地所有者姓名、行政区、被征地对象及描述等基本信息。

2）征地组与土地所有者谈判，请求对土地所有者土地进行测绘，确定线路经过土地的具体路径及铁塔的具体位置。

3）获取允许进入土地授权书。土地所有者签字授权施工队伍进入土地开展调查、测量、施工等相关工作。

4）若土地所有者不同意，征地团队前往法院申请强制令，确保测绘组能够入场工作。若土地所有者仍阻挠，则申请军警保护测绘组入场工作。

5）地块平面图与地貌特征测绘描述。对土地面积、方位、尺寸和坐标进行详细测绘和记录，绘制平面图并加以描述。此外，按照地貌特性的不同分别计量面积，如森林、庄稼生长区、湖塘等。

6）完成地籍调查，编制调查报告。根据现场调查资料，编制完整、详尽的地籍调查报告，相关资料将作为土地评估时的重要依据。

7）聘请第三方机构评估地块价值并编制评估报告，作为土地征用赔偿价格的主要依据。

8）调取土地所有者的不动产权证，产权证上详细记录土地所有权的历史沿革。

9）调查土地所有者的税收缴纳情况和财务状态等。

10）与每个土地所有者协商、谈判，并签订土地征用协议，协议需进行公证并登记公示。

11）制作赔偿清单并粘贴付款凭证，完成支付，获取路权。按地块序号制作土地征用赔偿清单，并附上相应的付款单据。

（5）项目征地实施。2015年7月17日，美丽山二期项目中标后，项目征地工作团队迅速全面进驻工程沿途城市，在项目全线同步启动项目征地工作，并同步向电力监管局申请公用基础设施用地声明。2015年11月该声明获批，为后续处理"钉子户"问题采用诉讼解决方案创造了条件。截至2017年8月10日，项目成功获得环保施工许可证，获准正式开工时，输电通道路权释放完成率已超过92%，不仅满足了EPC合同中规定的开工要求，还充分保障了项目建设用地需求。

项目征地工作实施的整个过程可以分为以下5个阶段：

1) 前期调查和初步评估。项目征地工作的第一步是对项目初步规划路径沿线可能经过或影响的土地和物权进行全面的前期调查和初步评估。此阶段工作自中标获得项目特许经营权后立即展开，一直延续到获得环保预许可证前后。其目的是为输电线的路径优化设计、征地成本估算、拟征用土地补偿价格评估等工作提供依据，并对沿线民众进行项目宣传。

前期调查和初步评估的主要工作内容包括调查和明确初步规划路径沿线受影响地区及其特点，这些特点包括区域规划、地形、管理方式、经济用途和有关地块及物权等主要方面。此外，还需绘制地图并评估相关区域地产市场的表现，从而为估算不同路径的征地和建设成本提供坚实依据。在此基础上，项目环保工作团队将综合考虑项目建设经济性和避免可能造成的社会环境影响两方面的要求，共同给出更加优化的路径方案。

这一阶段的工作虽然仅涉及调查和初步研究，但十分重要且工作量十分繁重。因为此阶段的产权调查、初步评估、线路设计、地区和土地市场研究等工作的成果，将对项目的征地成本预算乃至整个项目建设成本预算的确定，以及最终路径的选定与优化等产生重大影响。任何错误或遗漏都可能严重阻碍关键建设用地路权的获取，进而对工程进度造成不利影响。

同时，这一阶段工作所获取的各类信息，必将反映在项目征地成本预算的拟定之中，如果市场研究和调查的数据结果准确，那么据此拟定的征地成本预算也必将体现各类土地的市场公平价值，使得预算更加公平合理。如此一来，在后续征地补偿价格评估阶段给出的建议补偿价格数据就不会超出预算范围，在与土地所有者的征地协商过程中也不太可能出现严重问题。最终，在大部分情况下，都能够在预算范围内实现与土地所有者友好协商并完成征地工作，大幅减少采用司法手段解决问题的频率。

此外，在这一阶段，征地工作团队还需利用一切途径和机会与项目沿线受影响的民众建立联系，及时宣传项目的公共用途、征用路权的必要性、赔偿标准、土地的使用限制、对产业损失的赔偿等内容，以使广大受影响民众对项目形成初步的正面印象和思想准备，为下一步开展入户调查和初步协商工作奠定基础。

2）物权信息调查登记。在前期调查和初步评估工作基本确定输电线路跨经某一地区的路径，以及该路径涉及的地块和相关物权后，征地工作便进入第二阶段。此时，项目征地团队开始与项目跨经土地的土地所有者进行初步接触和协商，此项工作通常也在项目获得环境预许可证之前完成。在初步协商过程中，征地团队还应向土地所有者再次宣传关于项目及路权征用的相关法律等信息，尤其是路权和相关物业的价值评估方法、补偿价格评估方法、合理赔偿方式、在输电通道范围内允许和禁止的土地用途、合法赔款支付的方式，以及办理土地征用交易房产登记等法律手续所需的必要文件。

项目征地团队一般需对拟征用的土地进行实地调查，以确定项目影响的具体物业、相关的建筑物和构筑物，以及项目可能带来的具体干扰种类

第 8 章　知识领域超越

和程度等，并对相关房产的情况和特点进行评估。同时，还需向土地所有者、公证人和公共事务部收集征地交易行政程序所需的相关文件。

上述调查中获取的各类信息是后续评估、确定合理赔偿金额的基础信息和依据，在征地工作中收集这些信息和文件也是相关法律和政府行政法规规定的法定程序，是确保征地交易依法合规的必要工作。

在完成每块土地和有关物业的实地调查和相关文件收集工作后，征地团队将依次整理登记各地块的信息和资料。登记信息摘要包括登记日期、地块编号、土地所有者姓名、行政区、被征地对象及描述等内容。

根据关于资产评估工作的巴西标准 NBR14.653 中对资产评估工作的最低检查要求规定，上述各项调查登记信息均应用于资产评估工作，并需进行详细说明。同时，所有的调查结果都应尽可能地得到每个被调查土地所有者的签署确认，以避免日后出现纠纷。

值得注意的是，在进行地块和物业信息登记时，征地人员必须仔细研究和评估每个地块的生产性收益和资产增值情况，即土地价格的上涨情况。

这一阶段的工作是项目征地团队与土地所有者建立长期合作关系的第一步。由于是与土地所有者的首次接触，也是征地工作中最困难且最具挑战性的阶段，应想方设法从一开始就与土地所有者建立相互信任和相互尊重的关系，为后续协商谈判等工作创造良好开端。

3）获取允许进入许可。在确定项目建设涉及的土地所有者及其相应物权，并做好有关物权的信息调查和登记工作后，征地工作需针对这些地块中输电线路铁塔的塔位所在地进行地质调查、考古勘探和测绘勘查等初步技术研究。然而，在开展这些工作前，项目公司必须得到土地所有者的允许才能进入地块，此即进入许可。进入许可的法律文件形式是项目公司与土地所有者共同签署的一份表格，获得进入许可并不意味着土地所有者已授权项目公司进行施工或开展其他工程作业，而是仅允许开展上述技术研究工作。

在某些情况下，若无法获得土地所有者的授权许可，可启动司法途径，申请强制令，以确保技术团队能够入场开展相关技术研究。技术研究工作主要包括对土地面积、方位、尺寸和坐标进行详细测绘与记录，制定土地平面图并加以描述，按照地貌特性的不同分别计量面积，以及进行地质调查、考古勘探等。同时，需根据现场调查资料编制完整、详尽的地籍调查报告，作为土地价格评估的重要依据。

4）征地价格评估和路权。通过上述所有调查工作合法获取输电线路建设所需的建设用地物权的相关基础信息后，便可正式开展获取路权的工作。获取路权的工作主要包括征地价格评估，协商谈判、签署协议和支付征地款，土地交易注册登记确权三个环节。

①征地价格评估。征地价格主要由工程所需通过土地的路权补偿金，以及这些土地上各种产业和附着物受损的补偿金两部分组成。项目征地首先需对这两部分赔付费用进行评估，以此为依据对每个征用地块得出一个总的评估征地价格。评估征地价格是获取路权的第一步，此项工作通常聘请第三方专业机构，在公允的立场上，根据前期调查得到各种地块本身和区域市场等方面的信息数据，评估地块价值并编制评估报告，作为土地征用赔偿价格的主要依据。

征地价格评估工作依据关于资产评估的巴西标准 NBR14653 的第 I 部分和第 III 部分进行，评估方法可参考工程界通用的各种评估技术和模型，并根据具体情况选用。

第 8 章 知识领域超越

> **小贴士：**
>
> 路权补偿评估价格是根据当地土地市场公允价格确定的裸地市场价值乘以因修建输电线路而使该地块用途受限的折扣因子（路权系数）得出，因此需对各地块的裸地市场价值和路权系数值进行评估。
>
> 增值产业补偿价格的评估方法因增值产业类型而异。例如，对于农作物和牧场，由于各种农产品的价格因各种因素而波动较大，一般会采用该地区内的平均值作为评估依据；对于果园，则使用收入资本化方法评估其价格，其中包括搭建及种植成本，以及新种植园投产前损失的净收入，再乘以风险系数；对于建筑物和构筑物，则主要采用重置成本法，结合使用维护的状态评估其补偿价格。

②协商谈判、签署协议和支付征地款。在得到某个征用地块的征地评估价格后，美丽山二期项目征地团队即可按照采购政策，就此评估价格与土地所有者进行协商谈判。在协商谈判中，征地团队应严格遵守确定的征地原则要求，充分发挥主观能动性和创造性，采用最佳协商战略，确保征地行动和施工进度计划协调一致。

若与土地所有者协商一致，谈判成功，征地团队则与土地所有者共同签署土地征用协议，在确定所有签署文件合规后开具支票支付征地款，获得路权，随后办理房产注册登记等交接手续。

若无法达成友好协议，则只能走司法途径获取该路权。在不得已选择司法途径时，由征地团队在法律顾问的协助下准备起草诉状、流程、协议和后续活动，并与司法机关人员沟通协调。

③土地交易注册登记确权。征用土地交易完成、项目公司获取路权后，征地团队应立即负责起草路权登记申请书并准备所需文件，向房产登记处提交。在支付相应的税收和费用后，到房产登记处登记路权，以此从司法方面固化项目公司的土地权利。

5）征地后维护。一旦路权确定完成，便可将其用于项目建设。在施工期间，项目公司征地团队需持续强化输电通道的巡查工作，并拜访沿途涉及的土地所有者，向土地所有者通报施工进度，以维系和谐关系，避免阻工现象的发生。同时，需测量、评估施工期间造成的附属物损坏，并支付相应赔偿。

施工完成后，项目征地团队应到场进行检查确认，具体内容包括线路走廊植被清除后的木料处置情况；承包商的所有机械、设备/材料的撤离情况；对现场道路、围栏、大门、桥梁、地面栅栏等损坏的修复情况；线路走廊内是否有未清除的建筑物及树木等。

在运行和维护阶段，征地维护工作同样重要。征地团队需确保输电通道始终畅通无阻，并与沿途土地所有者和附近社区保持良好互动。在这一阶段，主要工作包括：检查输电通道状况，阻止或移除可能进入的外来物，限制高杆庄稼等农作物的生长；维系与社区的沟通、维护社区关系，跟踪社会项目、退化地区恢复等计划的实施情况，为选择性砍伐活动提供援助和支持；为履行所购土地或路权的合法义务采取必要措施。

8.2.3 合规性管理

项目合规性管理指在项目生命周期中，确保项目活动符合所有适用的法律法规、行业监管要求、质量标准、社会责任和组织内部政策的过程。

这一过程对于保障项目的合法性、降低法律风险、维护企业形象和促进可持续发展至关重要。项目合规性管理过程如图8-6所示。

依据	工具和技术	输出
• 法律法规 • 行业监管要求 • 质量标准 • 社会责任 • 体系文件 • 利益相关方登记册	• 检查单 • 专家意见 • 会议 • 审查 • 数据分析 • 冲突管理 • 沟通技巧 • 谈判	• 合规性管理计划 • 合规性跟踪表 • 批准的证照许可或报告

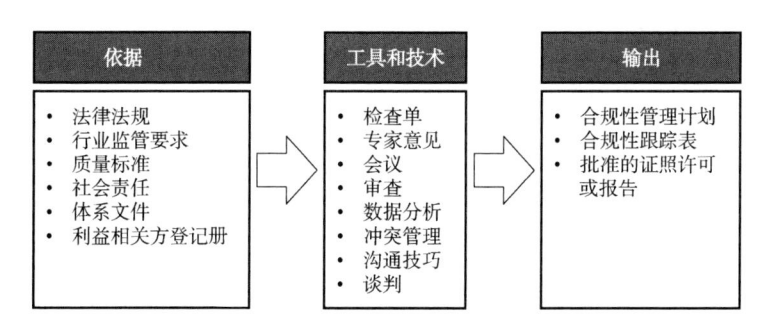

图8-6 项目合规性管理过程

1. 依据

项目合规性管理的依据主要包括：

（1）法律法规。法律法规是项目合规性管理的基石，涵盖巴西国内法律（巴西《电力法》《环境法》《劳动法》等）、国际法律（国际能源宪章、国际贸易法规等）、地方法规（各州和地方政府的相关法规等）。

（2）行业监管要求。行业监管要求由相关监管机构制定，对项目执行具有强制性。例如，巴西国家电力监管局的规定、国际电力行业的标准等。

（3）质量标准。质量标准确保项目产品和服务的质量满足预定要求。质量标准包括ISO 9001质量管理体系标准、巴西国家标准（NBR），以及IEC、IEEE等。

（4）社会责任。社会责任涉及环境保护、社区关系、员工福利等方面。包括企业社会责任政策和社区发展计划。

（5）体系文件。体系文件指组织内部的管理体系文件，如政策、程序、指南等。

(6) 利益相关方登记册。利益相关方登记册用于记录项目利益相关方的信息，包括利益相关方名单、利益诉求、期望和影响力等。

2. 工具和技术

项目合规性管理的工具和技术主要包括：

(1) 检查单。用于检查项目活动是否符合特定标准的工具。

(2) 专家意见。聘请法律、环境、质量等方面的专家，提供专业意见。

(3) 会议。组织定期或不定期的会议，讨论合规性事宜。

(4) 审查。对项目文件、记录和活动进行审查。

(5) 数据分析。运用统计和数据分析方法，评估合规性数据。

(6) 冲突管理。同本章 8.2.2 节征地管理所述。

(7) 沟通技巧。同本章 8.2.2 节征地管理所述。

(8) 谈判。同本章 8.2.2 节征地管理所述。

3. 输出

项目合规性管理的输出主要包括：

(1) 合规性管理计划。详细说明如何管理项目合规性的文件，包括合规性目标、策略和程序、职责分配、时间表和预算。

(2) 合规性跟踪表。记录项目合规性状态的文档，包括合规性检查结果、整改措施、责任人和完成日期。

(3) 批准的证照许可或报告。项目合规性的正式文件，需得到相关监管机构的批准，包括环境影响评估报告、施工许可证、安全生产许可证等。

通过以上合规性管理过程，美丽山二期项目在合规性管理方面建立了一套完善的体系，确保了项目在合规性方面的全面控制。

8.3 知识领域超越小结

美丽山二期项目实践超越了项目管理知识体系十大知识领域的范畴，增加了项目环保管理、项目征地管理和项目合规性管理三个领域，并在国际工程项目实践中取得了卓越成效。

1. 项目环保管理超越

相较于传统环保管理，美丽山二期项目将项目环保管理拓展为项目管理知识领域之一，建立了科学、规范的项目环保管理流程和方法。例如，通过优化线路路径、增大塔高和塔距等措施，显著减少了对自然和历史保护区的干扰，降低了雨林砍伐量。通过实施有效的环保管理举措，项目成为近年来巴西唯一"环保零处罚"的大型项目，还荣获2019年度"巴西社会环境管理最佳实践奖"。出色的环保管理促使项目提前100天投运，创造了巴西大型电力项目建设纪录，实现了工期大幅缩短的超越。

2. 项目征地管理超越

美丽山二期项目将项目征地管理拓展为项目管理知识领域之一，构建了系统、完整的项目征地管理流程和方法。例如，采用征地外包的方式，选择熟悉当地联邦政府法规和土著文化的第三方，有效转移了征地风险，保障了工程建设工期。项目团队按照征地管理知识领域的理论指导，获得决策层的充分授权，在授权机制的保障下，为现场征地、商务决策和谈判的权威性提供了保障。在配合第三方征地公司的同时，前期开展详尽的社区走访和线路规划调研，拟定了施工绕开原住民社区的线路，完整保留了当地生态环境和文化特色。从2015年9月至2018年8月，美丽山二期项目释放全部路权，征地工作取得了卓越成效，未对施工进度造成影响，满足了项目连续施工的要求。通过有效的预算控制，实现最终征地总成本相比预算降低5%；94%的物权通过协商实现，仅6%的土地通过诉讼司法程序获取，为项目的顺利建成和长期稳定运行奠定了基础。通过引入独立第三方审计，确保现场各利益相关方遵守商业道德准则，保障土地征用交易的合规性，形成征地管理知识领域的闭环管理。

3. 项目合规性管理超越

传统的合规性管理主要包括事业环境因素管理、质量管理、风险管理等方面。美丽山二期项目创新性地提出合规性管理领域。该领域充分整合了项目需满足的合规性条件与要求，通过争取利益相关方的参与，共同制订合规性管理计划，有效指导了合规性管理工作。具体管理计划如下：

（1）法规监管。严格遵守巴西环保法规、主动适应巴西市场监管规则。通过全过程的风险管控，实施严格的质量、安全和健康管理，积极关注国际经贸动态，确保项目在投资、建设、环境、税收和金融等方面满足合规性要求和标准，为项目建设和运营构建科学的合规性保障体系。

（2）职业操守。项目公司高管团队及重要岗位签署"行为准则"承诺书；与各合同方签定合同时，同步签署"商业行为规范"承诺书。

（3）人员健康。在10个标段分别建立了医疗服务站，并配备专业人员、医疗救护车辆和医疗器械。

（4）环境保护。因合规性管理准备充分，环评许可得以提前审批，为避开雨季施工、提前工期奠定了基础，为中国企业"走出去"树立了良好的合规典范。

第 9 章　工具方法超越

9.1　项目管理工具和方法综述

在 PMBOK®指南（第六版）中，针对 49 个管理过程定义了 132 种工具和技术。这些工具和技术不但数量庞大，而且种类繁多，涵盖数据收集、数据分析、数据表现、决策制定、沟通技巧、人际关系与团队技能等多个方面。

按照功能和应用领域可作如下分类。

1. 数据收集技术

数据收集技术是从各类渠道收集数据和信息的方法。在项目管理中，数据收集技术对于制定决策、监控项目进展及评估项目绩效至关重要。PMBOK®指南（第六版）中常见的数据收集技术包括问卷调查、访谈、观察、核对单、自制或外购分析等。项目经理应用这些技术收集关于项目需求、资源、风险、进度和成本等方面的数据，为后续的规划和分析奠定基础。

2. 数据分析技术

数据分析技术用于对收集到的数据和信息进行组织、评估和评价。通过数据分析，项目经理可以深入了解项目的实际状况，发现潜在问题和机会，并制定相应的应对策略。PMBOK®指南（第六版）中的数据分析技术包括根本原因分析、敏感性分析、挣值分析、回归分析、风险数据质量评估、风险概率和影响评估等。这些技术助力项目经理对项目的各个方面进行深入的分析和评估，为决策提供科学依据。

3. 数据表现技术

数据表现技术以图形或其他形式展示数据和信息，以便更好地理解和传达项目的状态和进展情况。在项目管理中，数据表现技术对沟通、报告和决策制定起着重要作用。PMBOK®指南（第六版）中常见的数据表现技术包括甘特图、控制图、流程图、亲和图、因果图、直方图、矩阵图、责任分配矩阵（RAM/RACI）、散点图等。项目经理应用这些技术以直观的方式呈现项目的进度、成本、质量、风险和资源等方面的信息，便于与利益相关方进行沟通交流。

4. 决策制定技术

决策制定技术用于从多个备选方案中选择最佳方案。在项目管理中，决策制定技术对于解决复杂问题、制定有效策略至关重要。PMBOK®指南（第六版）中的决策制定技术包含多标准决策分析（MCDA）、决策树、敏感性分析等。项目经理应用这些技术综合考虑如成本、时间、质量、风险等多个因素，从而做出明智决策。

5. 沟通技巧

沟通技巧用于在项目经理和利益相关方之间传递信息。有效的沟通是项目管理取得成功的关键。PMBOK®指南（第六版）中提及的沟通技巧包括主动倾听、清晰表达、反馈、演示等。项目经理应用这些技巧建立良好的沟通关系，确保信息得以准确传递和被理解。

6. 人际关系与团队技能

人际关系与团队技能用于有效领导团队成员和与其他利益相关方进行互动。在项目管理中，良好的人际关系和团队氛围对提高团队协作效率和项目成功率至关重要。PMBOK®指南（第六版）中的人际关系与团队技能包括冲突解决、团队建设活动、激励技巧、领导力、信任建立等。这些技能帮助项目经理营造良好的人际关系和团队氛围，增强团队的凝聚力和协作能力。

在项目管理中，除了PMBOK®指南（第六版）定义的工具和技术，还会拓展应用一些其他工具和技术，以满足不同行业、不同规模、不同属性的项目管理需求。美丽山二期项目属于国际特大型工程建设特许经营权项目，项目团队创新性地拓展了项目管理工具和技术，如MBS、FBS、SBS、联席会议机制和价值共享激励等工具和技术。这些工具和技术超越了PMBOK®指南（第六版）所涵盖的内容，并在国际大型工程建设项目管理中得以应用，取得显著成效。

9.2 工具方法超越实践

9.2.1 管理分解结构工具

1. 管理分解结构概念

管理分解结构（Management Breakdown Structure，MBS）是一种先进的项目管理工具，它基于WBS的原理，将项目管理工作进一步细分为一系列可管理的模块或组件。与WBS侧重项目实体工作不同，MBS更关注项目的管理层面，旨在明确每个管理环节的责任归属、资源需求和执行流程。通过 MBS，项目管理团队能够更高效地进行各项管理工作的分配、监控和协调，确保项目中的管理工作不会被遗漏。

2. 管理分解结构应用实践

范围管理是项目管理的基础，既包括实现可交付成果的技术工作，也涵盖项目管理工作。美丽山二期项目规模庞大，涉及的管理工作类型繁多，加上巴西工程建设特有的预合同制特点，在启动承包商招标时，项目尚未进行初步设计，导致当时项目团队对各种环境因素的认识不足，工程设计深度远低于国内水平，容易引发后期项目变更，给项目的管理带来了很大的难度。

项目团队超越了传统的 WBS 分解思路，采用流程导向进行工作分解。同时，以 WBS 为基础，超越传统项目管理工具，创新性地提出了用于分解所有管理工作的 MBS，并在整个项目管理过程中有效应用，这满足了项目建设管理的需求，为项目中的各绩效域的管理提供了坚实支撑。

传统的 WBS 较难完全覆盖项目建设的全部工作，因此需创新应用 MBS 方法，以满足项目管理的需要。作为我国在海外首次独立投资和总承包建设的超大型输电工程项目，美丽山二期项目所处的外部事业环境与国内差异巨大，并且工程本身的庞大规模决定了其与外部环境接触互动的数量众多。因此，项目建设所涉及的管理工作类型和数量远超常规的工程建设项目。

项目启动后，工程前期各项工作所需的时间几乎与工程开工后的施工时间完全相等，即便工程开工建设后，仍存在大量征地、获取跨越许可、与其他特许经营权公司的接口协调、与沿线原住民社区的沟通协调和策划实施社会责任项目等工作需要同步开展。由此可见，传统的 WBS 方法难以覆盖项目建设所涉及的所有管理工作。

因此，在项目规划过程中，项目团队提出以传统 WBS 为基础，将工作分解进一步拓展至所有必要的管理工作及其成果，即借助 WBS 的思想和方法，涵盖所有必需的管理工作，逐层分解至可管理的单元，同时明确责任人，并将其纳入项目计划进行管理。美丽山二期项目 MBS 如图 9-1 所示。

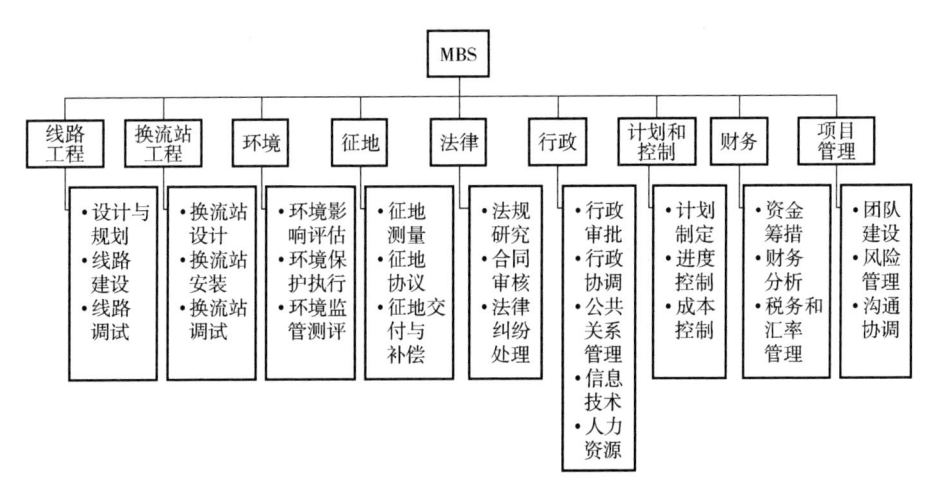

图 9-1　美丽山二期项目 MBS 图

在 WBS 的应用超越管理中，主要呈现两个创新举措：一是以流程为导向进行 WBS 分解，为尚未进行初步设计的大型国际项目，开辟了一种全新的工作分解思路；二是以 WBS 为基础创建 MBS，通过构建项目 MBS，能够事先梳理工程建设所需开展的管理工作，并进行细致分解，确保管理工作无遗漏、无重复、可管理。这一做法很好地满足了工程建设管理的实际需求，为项目其他管理工作的有序开展和顺利推进奠定了基础。

9.2.2　财务分解结构工具

1. 财务分解结构概念

财务分解结构（Financial Breakdown Structure，FBS）是一种层次化的

分解结构，它用于展示项目或组织中所有相关财务活动的分类和细分情况。类似于 WBS，但其重点在于财务方面。具体而言，FBS 将项目的财务活动分解为更小、更易于管理的部分，从而为项目团队提供一个清晰的财务视图，有助于项目团队更好地了解和控制项目的财务状况及融资动态。

FBS 的主要目标是确保项目的财务透明度和可追溯性。它有助于项目经理、财务经理和其他利益相关方准确评估项目的财务绩效，预测未来的项目收益，以及制定包括事前预算、事中控制和事后分析在内的财务管制策略。

2. 财务分解结构内容

FBS 通常包含以下几个关键组成部分：

（1）收入。收入是项目财务分解结构中的一个重要组成部分，它代表项目所产生的所有经济利益流入。在 FBS 中，可以根据不同的来源对收入进行细分，以便更深入地了解其构成和变化趋势。

1）主营收入。主营收入指项目主要业务活动的产生的收入。如产品销售收入、服务费用等。这是项目收入的主要来源，通常与项目的核心业务紧密相连。

2）营业外收入。营业外收入指与项目主营业务无关的收入，如出售闲置资产、获得政府补助等。这些收入虽然通常不是项目持续运营的核心部分，但可能对项目的财务状况产生重要影响。

（2）成本。成本是 FBS 中的另一关键组成部分，它代表项目为实现其目标而发生的所有费用支出。在 FBS 中，成本可以根据其性质进行细分，以便更深入地了解其构成和控制策略。

1）直接成本。直接成本是可以直接与特定项目活动或产品相关联的成本。这些成本通常随着项目活动的增加而增加，如设备/材料、物资、人工、征地、环保等费用。

2）间接成本。间接成本是无法直接与特定项目活动或产品相关联的成本。这些成本通常与项目的整体运营和管理有关，如间接人工成本、管理费用、折旧费用等。

（3）利润。利润是项目收入减去成本后的净收益。在 FBS 中，利润是衡量项目经济绩效的重要指标。通过比较不同时间段或不同项目的利润水平，可以评估项目的投资回报情况。

3. 财务分解结构应用实践

美丽山二期项目是通过特许经营获得收益、收回投资的一个典型案例。该项目规模庞大、技术复杂，涉及多个利益相关方和复杂的财务安排。以下是在美丽山二期项目中应用 FBS 的示例：

（1）收入分解。美丽山二期项目主要通过特许经营权取得收入。根据 FBS，收入可以进一步按经营年度进行分解。

（2）成本分解。在美丽山二期项目中，成本主要包括以下几个方面：

1）工程建设成本。工程建设成本主要指项目建设所需的成本，如征地费用、环保费用、设备购置成本、机房建设费用、材料成本、人员工资、管理费用和财务成本等。

2）运营维护成本。运营维护成本是项目投产运营后产生的成本，如设备替换和维护费用、线路巡检费用、维护人员工资等。

（3）利润预测与敏感性分析。在美丽山二期项目中，利润预测是项目财务管理的核心内容之一。项目团队根据特许经营的收入和成本预测，构建了详细的利润预测模型。通过模拟不同情境下的收入、成本和利润变化，项目团队能够监测项目的动态盈利能力和风险变化。

此外，项目团队还进行了敏感性分析，以评估外部条件变化对项目投资回报率的影响。他们考虑了通胀指数、汇率变化、融资成本变动等多种因素，并分析这些因素对项目利润的影响程度。通过敏感性分析，项目团队能够识别出对项目投资回报率影响最大的因素，并制定相应的风险应对策略。

在美丽山二期项目中，FBS 还为项目决策提供了重要支持。通过对比不同方案或投资组合的财务绩效，项目团队能够选择出最佳的投资方案。例如，在项目初期阶段，对于技术方案的选择、融资渠道的组合、设备/材料的选型、线路的优化、塔型的比选、不同 EPC 总包方的筛选等，都将产生多种方案，这些方案均需通过财务敏感性分析进行决策。

9.2.3 利益相关方分解结构工具

1. 利益相关方分解结构概念

利益相关方分解结构（Stakeholder Breakdown Structure，SBS）是在 WBS 方法的基础上，进一步对项目利益相关方进行系统化和结构化的识别和分类的方法。利益相关方指那些积极参与项目，或其利益因项目的实施或完成而受到积极或消极影响的个人、团体和组织，包括政府部门、客户、执行组织、供应商、分包商、金融机构、社区和媒体等。他们会对项目的目标和结果施加影响。

项目团队借助 SBS 对利益相关方进行层级分解，能够清晰地了解项目涉及的各类各级利益相关方，更好地评估他们的参与度，并据此制定相应的利益相关方参与计划。同时，SBS 授权不同层级的人员管理相应的利益相关方，不仅有助于项目的顺利推进，还能在发生问题时及时有效调动资源，化解风险。

2. 利益相关方分解结构内容

SBS 可以从多个维度进行分解。例如，按影响方向可分为积极利益相关方和消极利益相关方；按组织结构内外可划分为内部利益相关方和外部利益相关方，其中内部利益相关方和外部利益相关方又可进一步细分，直到满足项目的管控需要。

（1）内部利益相关方。内部利益相关方是在项目组织内部对项目有直接或间接影响的个人或群体。常见的内部利益相关方包括：

1）高层管理者。负责项目的总体方向、战略决策和资源分配，对项目的成功负有最终责任。

2）项目经理及核心团队。负责项目的具体执行和日常管理，直接推动项目的进展。

3）职能部门负责人。包括财务部门、安全环保部门、人力资源部门等，对项目中的特定职能部分提供支持。

4）专业技术人员。包括开发工程师、设计师、测试人员等，直接参与项目的具体技术工作。

5）支撑人员。包括行政助理、资料管理员等，为项目团队提供必要的支撑和保障。

（2）外部利益相关方。外部利益相关方是虽然在项目组织外部但利益受到项目影响的个人或群体。常见的外部利益相关方包括：

1）客户及最终用户。项目的直接受益者，对项目的结果有着最直接的利益诉求。

2）供应商及合作伙伴。为项目提供所需物资、技术或服务，他们的配合程度直接影响项目的进度和质量。

3）政府监管机构。对项目的实施和成果有法定审批和监管权力，需与其保持良好的沟通。

4）社区及公众。项目实施可能影响的社会公众，特别是当项目涉及环保、公共安全等问题时，需要密切关注他们的态度和反应。

5）竞争对手及行业专家。虽然他们不直接参与项目，但其行为和观点可能影响项目的外部环境，需通过信息收集和评估规避潜在风险。

（3）SBS 应用实践。对利益相关方的有效识别和管理是美丽山二期项目成功实施的重要因素之一。在美丽山二期项目中，项目团队首先通过利益相关方分解结构进行了系统的利益相关方识别。通过分类分解，项目团队识别出包括出资人、决策者、技术负责人、业务负责人、使用者、社区居民、政府机构等在内的多个利益相关方。SBS 如图 9-2 所示。

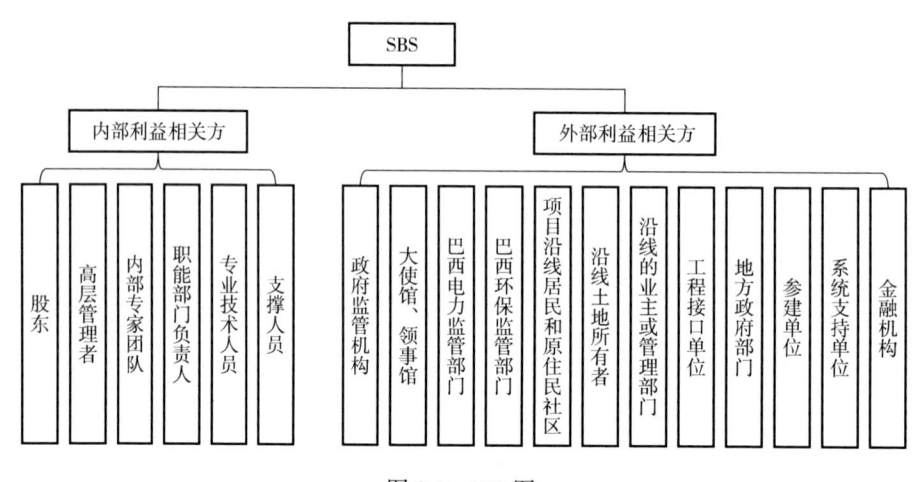

图 9-2 SBS 图

1）内部利益相关方。内部利益相关方主要是针对组织内部人员，具体包括：

①股东。国家电网、国网国际公司等。

②高层管理者。国家电网、国网国际公司、巴控公司的高层决策者，

他们决定项目的总体战略和资源配置。

③内部专家团队。输变电各领域的技术专家、管理专家、法律顾问等，他们为项目提供必要的专家指导和专业问题解决方案。

④职能部门负责人。包括财务部门、人力资源部门、安全环保部门等，他们为项目提供专业资源和专项支持。

⑤专业技术人员。包括工程设计、工程建设、工程造价、工程监理、设备调试及系统调试人员等，他们负责技术方案的制定和监督。

⑥支撑人员。包括翻译、行政助理和信息技术人员等，他们为项目团队提供辅助支撑。

2）外部利益相关方。外部利益相关方具体包括：

①政府监管机构。包括总统办公室、巴西矿能部、巴西环保署等，他们对项目进行审批和监管。

②大使馆、领事馆。包括中国驻巴西大使馆、里约热内卢总领事馆等，他们为项目提供相关协调支持。

③巴西电力监管部门。包括国家矿产能源部、国家电力监管局、国家电力调度中心等。

④巴西环保监管部门。包括国家环保署、巴西文化遗产研究院、帕尔马雷斯文化基金会、印第安文化基金会、保护区管理机构、卫生部等。

⑤项目沿线居民和原住民社区。包括印第安社区、无土地组织、黑奴社区、渔猎人社区、土著居民等。

⑥沿线土地所有者。项目沿线 3370 个土地所有者。

⑦沿线的业主或管理部门。沿线的河流、铁路、公路、输电线、机场等共 270 处跨越的业主或管理部门。

⑧工程接口单位。包括巴电 Furnas 公司、美丽山电站、美丽山一期项

目公司等工程系统相关的水电站及输变电站的拥有者。

⑨地方政府部门。沿线州、市政府和有关部门。

⑩参建单位。包括 EPC 承包商、EPC 分包商、设备/材料供应商，以及环保、征地、法律、咨询等专业公司。

⑪系统支持单位。包括经研院、电科院、中南院、电规总院等。

⑫金融机构。包括 BNDES 银行、商业银行等。

SBS 不仅可以在对利益相关方进行识别和分类时使用，还可以应用到利益相关方的评估和管理策略制定中。例如，将利益相关方参与程度分为 5 个等级（不知晓、反对、中立、支持和领导）。通过 SBS 的应用，项目团队能够清晰地看到全生命周期项目利益相关方管理总体视图，有效争取他们的参与，提高他们的满意度，保障项目目标的顺利推进。

9.2.4 联席会议方法

1. 联席会议概念

联席会议是由某个团体或组织自愿发起、自愿参与的会议。这种会议旨在通过加强联系与沟通，相互学习借鉴经验，研究探索新经验、新方法。联席会议可以应用于经济、环境、社会安全等多个领域，也可以应用于政府机构、行业协会、商会、企业、社会组织等各个层面。

在政府机构中，联席会议可能由多个部门或机构共同参与，旨在协调解决跨部门、跨领域的问题，推动政策制定和实施。而在企业中，联席会议可能是由不同部门或业务线共同参与的会议，旨在加强企业内部沟通和协作，共同推动企业发展。

总之，联席会议是一种有效的沟通和协作机制，它能够促进不同领域、不同层面之间的合作与交流，使它们能够共同推动问题的解决和事业的发展。

2. 联席会议方法应用实践

在美丽山二期项目的推进过程中，除应用常规的日报、周报和月报报告系统，以及项目公司周例会、项目公司和承包商月度施工协调会，实施"日协调、周控制、月平衡"管理模式，项目团队还创新性引入了联席会议机制。这一机制不仅定义了项目公司和承包商 CEO 双周联席会的协调机制，还与政府监管机构达成了联席会议制度，为项目的顺利推进和有效管控建立了新型的沟通平台。借助三维可视化项目管理系统等工具，项目实现了实施过程的数据可视化，极大促进了项目各标段的工作协同，以及设计单位、监理单位、总承包商、供应商、监管机构之间的有效沟通，为项目提前 100 天正式投运奠定了基础。

美丽山二期项目联席会议的流程和内容包括以下 6 个方面：

（1）定义联席会议的协调和推进事项。会议的协调和推进事项具体如下：

1）工程许可和证照的办理。

2）政府监管部门对合规性要求的落实情况。

3）各标段工程建设受阻、受外部制约情况。

4）工程建设中遇到的需跨部门、跨单位解决的重大问题。

（2）明确联席会议参加对象。联席会议参加对象主要包括：

1）监管机构参与的联席会议。如电监局、矿能部、环保署等共同参加的协调会议。

2）各标段承包商联席会议。如 10 个标段的承包商 CEO 与换流站 EPC 总包商负责人，以及项目公司 CEO 共同参与的进度协调联席会议。

3）供应商联席会议。针对设计规范、技术标准、质量要求、规格型号、接口管理等相关内容，由各设计单位、供应商、项目公司共同组织联席会议。

4）系统内部单位联席会议。针对方案的调整优化，需要由经研院、电科院、电规总院、国网国际公司、巴控公司/项目公司共同组织的方案论证和内部决策的联席会议。

（3）约定联席会议的时间和频次。联席会议的时间和频次根据不同的对象和不同的内容有所不同。

1）按时间维度约定的联席会议。如双周联席会议、月联席会议和季度联席会议。项目公司 CEO 和各承包商 CEO 还建立了双周联席会议机制，用于预判项目存在的风险，分析项目整体资源配置，并快速决策项目实施中遇到的重大问题，为项目的提前投运提供了坚实的保障。

2）按事件触发的联席会议。如办理环境许可和施工许可等需要多部门共同推进时召开的联席会议。

（4）商讨联席会议的轮值主持机制。供应商的联席会议将由不同供应商主持；各标段承包商工程进度的联席会议在各标段工程现场召开并由该标段承包商主持。

（5）建立联席会议决策内容的跟踪落实方法。联席会议形成的决议将以两种形成跟踪落实：一是以任务单的形式明确任务要求、时间和责任人，以跟踪落实；二是将联席会议决策内容纳入项目计划进行统一管控。

（6）强化了项目信息化支撑手段。项目公司借助信息化手段开发了三维可视化项目管理系统，能够实时跟踪并提取现场信息，使得工程建设的形象进度得以全部通过三维可视化方式展示。这一举措不仅有助于高层管理者全面了解项目的绩效状态，推动问题的解决，还便于各级管理者高效掌握现场进度、准确判断瓶颈环节，有力支撑了对项目整体情况的管控。

此外，在信息化平台上，项目公司通过高效的智能化工具（远程摄像头、无人机巡察等），将现场问题场景化呈现，为联席会议高管人员全面掌握项目状态、有效推进项目进展提供了强有力的支撑和保障。

9.2.5 价值共享激励方法

1. 价值共享激励概念

激励是通过物质或精神的手段，激发个体或群体的积极性、主动性和创造性，以实现组织或个人的目标。

价值共享激励是一种先进的合作理念，旨在通过公平、透明的价值共创与共享机制，秉持多劳多得的原则，促进多方协同工作，实现共同发展和价值最大化。例如，在工程建设项目中，业主单位与多个承包商合作时，可以通过实施价值共享激励的方法，与各承包商形成利益共同体。

价值共享激励的实施主要包括以下几个步骤：

（1）建立共同价值目标。要实现价值共享激励，首先需要建立共同的愿景和目标，明确价值实现的责任和方法，使各参与方为实现共同的价值目标而形成利益共同体。同时，对于价值目标，需根据各方所承担的工作范围设计价值贡献权重。

（2）共创共建价值。各方为实现价值目标，需定义价值的具体内容，同时编制价值实现行动计划，统筹资源安排。通过执行价值实现行动计划，共同创造和实现价值。在此过程中，还需建立各方价值实现的依赖关系，明确协同工作边界，并跟踪各方价值实现的情况。

（3）合理评估价值。在价值共创共建过程中，需不断搜集价值数据，并对价值数据进行对比、分析和评估，以评估各方价值贡献的完成程度，以确定实际价值贡献比（本单位工作价值/总体目标价值）。在评估过程中，如发现价值偏差，需分析原因，集中各方资源协同保障整体价值目标的实现，并核实价值贡献比。

（4）公平共享价值。需明确价值共享的基数、比例和额度。例如，提前完工带来1000万雷亚尔的收益，该收益可作为价值共享基数，按事先约定的50%作为计提比例，则共享价值激励额度为500万雷亚尔（1000×50%），根据各方价值贡献比，分享此500万雷亚尔激励金额（A公司创造了200万雷亚尔价值收益，则A公司价值贡献比为20%，可分享500万雷亚尔的20%，即100万雷亚尔激励金额）。

2. 价值共享激励方法应用实践

为鼓励承包商加大资源投入力度，实现提前竣工的整体目标，项目公司创新设立了提前竣工的价值共享激励机制，并与承包商签署价值共享补充协议。协议约定：因项目整体提前竣工投入商运而提前获得的额外收益由项目公司与承包商平分，即将项目提前所获收益扣除运维和税费成本后的50%奖励给承包商，由各承包商根据自身价值贡献比分享奖励金额。这种价值共享激励机制的关键在于必须在项目整体提前竣工的前提下实现，若因个别标段未提前竣工，则所有标段承包商无法获得奖励。价值共享激励机制有效激发了所有承包商的积极性和高度的互帮互助热情。例如，在美丽山二期项目的最后攻坚期，线路工程第10标段因受里约山地地形地质等影响难以提前竣工，其他两个已基本提前完工的承包商在价值共享激励机制的驱动下，主动协调资源前来援助，最终确保了项目提前100天投入运行，实现了价值的共创、共建和共享。

9.3 工具方法超越小结

在美丽山二期项目中，鉴于项目投资规模大、标准高、进度紧、环境复杂、接口繁多等特性，项目团队因地制宜，在原有项目管理知识体系涵盖的工具和方法的基础上，创新性地提出了 MBS、FBS 和共享价值激励措施等多种应用型项目管理工具和方法。

1. MBS 工具超越

项目团队在 WBS 工作分解结构原理的基础上，进一步延伸使用 MBS 对管理工作进行分解，通过明确管理职责界面的划分，解决了大型工程项目中管理工作难以厘清、难以全面纳入项目计划的问题，从而规避了管理工作缺失可能导致的工期延误风险。

2. FBS 工具超越

相较于传统的 CBS 工具，FBS 工具基于公司财务视角，能够更全面地反映项目的投资回报和财务收益状况。它实现了全生命周期的融资管理、税务筹划、资金调度、成本核算、利润预测等功能，有效降低了项目财务成本，提升了项目本体和社会经济性价值。这一转变实现了从成本管控到项目财务管理的超越。特别是在工程建设国际化融资方案比选、市场风险管控、放贷进度跟踪等工作并行开展时，运用 FBS 方法，可以使融资工作更形象，有助于决策者聚焦关键节点，分析汇率、利率、通涨率、回报率等因素的影响，从而优化项目融资组合方案，加快决策。

3. SBS 工具超越

SBS 采用自上而下、分层分级的方式，将利益相关方按照不同的属性、利益诉求和影响力进行分解，形成了清晰的利益相关方分类图谱。这使得项目团队能够更准确地把握每类利益相关方的需求和期望，清晰制定针对性的参与策略，从而有效开展沟通和协调，争取利益相关方的参与和支持，提高利益相关方的满意度。此外，通过利益相关方分解结构，项目团队能够快速找出影响项目成功（进度、质量等）的关键利益相关方，根据关键利益相关方的时间需求，合理分配并优化项目资源，维护良好的利益相关方关系。这一工具超越了传统利益相关方识别工具在分层分级、快速定位关键利益相关方、按层级分配管理利益相关方资源等方面的局限，实现了对利益相关方在宏观管理层面的突破，大幅提高了大型工程项目利益相关方管理的效率。

4. 联席会议方法超越

联席会议方法不仅促进了项目团队内部的紧密协作，还加强了与外部合作伙伴及监管部门的信息共享，确保了信息对称，避免了因误解引发的合同争议或误判，避免了决策、行动滞缓。通过联席会议，项目团队能够及时了解各承包商的施工进度、资源调配情况及遇到的问题，从而高效协调资源，解决项目中的重大问题，尤其是跨组织、跨团队的协同问题。同时，联席会议还创造了一个项目信息共享平台，使得项目团队及各承包商之间能够共同学习和相互借鉴优秀经验。联席会议机制促进了从各自为阵的单团队管理到各利益相关方（承包商、供应商等）组成的泛团队管理的转变，实现了各方执行层与决策层共同参与和共识形成，超越了传统的项目团队管理形式和沟通机制，做到了"知行成"的统一。

5. 共享价值激励方法超越

共享价值激励方法强调与不同标段承包商围绕共同的项目目标，共同分享项目成功所带来的价值。这种激励方法能够极大地增强不同标段承包商之间的凝聚力,使他们形成合力,为了共同的目标和利益相互协同、相互支持。相较于传统的单一项目激励方式,共享价值激励方法打破了组织界限,更能将不同合作伙伴的利益捆绑在一起,实现了方向一致、目标一致和利益一致的超越。

第 10 章 财务管控超越

10.1 财务管控综述

在项目管理领域，财务管控是确保项目经济可行性、实现成本控制并最终实现商业计划目标的核心环节。随着项目管理理论的不断发展，财务管控已从传统的成本管理范畴扩展为以价值为导向的综合性财务管理体系。尤其是在国际工程项目管理中，项目财务管控不仅涉及成本估算和预算控制，还需综合考虑采购策略、汇率风险、融资策略、税务筹划等诸多因素，以确保实现项目的商业价值。

1. 项目财务管控概念

项目财务管控指在项目全生命周期内，通过系统的财务管理手段，对项目的资金流动、成本支出、收益实现等进行规划、监控和优化，以确保项目在实施过程中商业上的可行性和价值最大化。其核心目标是通过有效的资源配置、采购策略、风险管理，实现预期的项目投资回报，并为利益相关方创造价值。与传统项目成本管理相比，项目财务管控更注重从商业视角聚焦项目价值，强调对项目整体财务状况的动态监控和优化。

2. 项目财务管控内容

国际工程项目财务管控涉及多个维度，主要包括以下 6 个方面的内容：

（1）明确项目价值与投资回报目标。在项目竞标阶段，需清晰界定项目的商业目标和投资回报预期，为构建项目财务管理框架提供方向。

（2）财务预测与预算编制。建立精确的财务预测模型，为竞标决策提供有力依据；编制项目预算和资金计划，为项目融资和分包采购合同签订提供支撑，确保项目资金的合理分配和高效使用。

（3）融资与资金管理。根据项目资金需求和计划，制定融资策略，优化资金结构，降低融资成本，确保项目资金的充足性和流动性。

（4）税务筹划。根据当地税收政策，通过合理的税务筹划，降低项目税负，提升项目的经济效益。

（5）采购策略。采购和分包是项目成本的主要组成部分。采购策略包括项目标段划分、EPC 总标和分包策略，以及设备/材料、服务、征地、环保、劳工等方面的采购方式、合同类型和过程管控等内容。

（6）汇率与价格风险管理。对汇率波动、原材料价格变动等风险进行识别和敏感性分析，提出应对措施，以减轻其对项目财务的负面影响。

3. 项目财务管控特点

国际工程项目财务管控具有以下特点：

（1）价值导向性。财务管控以项目价值最大化为核心目标，强调从商业角度优化资源配置、采购策略、融资方式、风险管控措施。

（2）全面性。财务管控覆盖项目全生命周期的各个环节，从价值定义到成本控制，再到收益实现。在国际工程建设项目中，财务管控的全面性还体现在汇率风险、融资渠道、税务筹划等诸多方面。同时，全面性也体现在全员参与，以及项目活动中的人、机、料、法、环等全面生产要素的考量上。

（3）动态性。财务管控需根据项目进展和市场环境的变化，动态调整财务策略和预算计划，确保项目商业计划可控、在控、能控。

（4）敏感性。财务管控需对项目预期的商业计划目标影响因素进行敏感性分析；在竞标过程中，对报价调整带来的投资回报率变化进行敏感性分析；在项目建设过程中，对物资（设备/材料和用品等）市场价格、工程变更、工期、财务成本（汇率和利率等）和劳工成本的变化对利润目标的影响进行敏感性分析。

（5）数据驱动性。财务管控依赖于精准的财务数据和预测模型，以确保决策的科学性和有效性。

4. 项目财务管控策略

为实现项目财务管控的目标，通常采取以下策略：

（1）构建以项目价值为导向的财务管理框架。在项目启动阶段明确商业计划目标和投资回报预期，制定基于价值最大化的财务管理框架。

（2）实施精准的财务预测与动态的财务监控。通过完善的财务管理框架，构建财务预测模型，编制项目预算和资金计划，开展动态财务监控，确保项目商业计划目标在可控范围内实现。

（3）优化融资与资金管理。根据项目预算和资金计划，制定融资策略，选择融资渠道，优化资金结构，规划资金支付，降低融资成本，确保项目资金充足且具有流动性。

（4）加强采购与供应链成本管控。合理划分采购包和分包标段，签订预合同锁定分包商和供应商、锁定价格，以达到合理控制成本的目标。对所有采购物资、设备/材料事前规划运输和通关方式，以确保采购进度和降低项目成本。

（5）管理汇率与价格风险。通过金融工具对冲汇率风险。对原材料价格变动采用预合同和期货交易方式锁定成本；将特许经营权收益率与通货膨胀挂钩，有效降低价格波动带来的收益风险。

（6）实施税务筹划。通过合法的税务筹划降低项目税负，提高经济效益，并确保税务筹划符合相关法律法规的要求。

（7）建立财务绩效监控机制。制定财务绩效指标，定期监控项目财务状况，生成财务报告，为项目决策提供数据支持。

通过建立以价值为核心的财务管理框架、实施精确的财务预测与预算控制、优化融资与资金管理、加强采购与供应链成本管控等策略，项目管理者可以有效提升财务管控水平，确保项目的成功实施和最终盈利。

10.2　财务管控超越实践

关于美丽山二期项目财务管理框架的实践内容详见第 3 章 3.2.3 节。本章仅对汇率管理、融资管理和价格波动管理的实践进行描述。

10.2.1　汇率管理

1. 汇率管理概念

汇率管理指在跨国经营或国际特许经营权项目中，针对涉及不同货币间的兑换和折算所进行的管理活动。其目的在于通过一系列策略和措施，有效应对汇率波动带来的风险，确保项目的财务稳定性和盈利性。在国际特许经营权项目中，由于涉及跨境投资、国际采购、跨国支付、收益结算等环节，汇率管理成为一项重要的课题。

2. 国际特许经营权项目汇率管理主要内容

国际特许经营权项目的投资、采购及经营收入均发生在境外，结算款币种以外币为主。因此，在人民币汇率双向波动的背景下，国际特许经营权项目面临着较大的汇率管控挑战。美丽山二期项目将从财务角度，在项目竞标、投资、建设、运维全生命周期内开展外汇管控和风险应对。

从财务的角度来看，汇率管控通常涉及外币兑换、外币交易、外币报表折算等环节。为有效建立汇率管控关键控制点，并有效实施汇率风险应对，特许经营权项目可以从以下几个方面进行汇率管控：

（1）项目前期阶段。在项目前期，需做好以下准备：

1）项目结算款币种的选择及不同币种的支付比例。项目业主通常允许项目投资方和承包商选择两种及以上可自由兑换的外币和当地货币作为项目结算款币种，各币种的支付比例也可协商确定。在这种情况下，如何选择外币币种和确定各币种支付比例，将对项目后期面临的汇率风险和项目利润产生极大影响。

在选择可自由兑换外币时，项目应倾向于选择预期对人民币升值最大或贬值最小的币种。当可自由兑换外币升值最大或贬值最小时，特许经营权项目以外币结算的收入折算为人民币的金额将最大，项目外币报表折算为人民币报表后的净利润金额也将最高。

在确定可自由兑换外币和当地货币支付比例时，项目应对可自由兑换外币与当地货币间的汇率走势进行预测。在可自由兑换货币对当地货币预期升值时，项目应选择尽可能少的当地货币支付比例，反之亦然（但需考虑当地货币能否自由兑换）。过多的即将贬值的当地货币支付意味着资产将不断缩水，购买力下降。

2）合同汇率的选择。在很多情况下，特许经营权项目的收入结算账单币种与结算款支付币种是不一致的。因此，在账单批复后支付结算款前，需要将结算账单金额折算为实际支付币种金额。此时，项目通常面临采用固定汇率还是浮动汇率的选择。不同汇率选择将影响项目实施期间实际到账结算款的金额，进而影响项目的净利润。

3）结算款支付时间。因为时间间隔越长，汇率波动越难以预测，所以较早收回的结算款比较晚收回的结算款面临的汇率风险低。

（2）工程前期阶段。工程前期需做以下准备：

1）分包款和设备物资采购款的支付币种和比例。国际特许经营权项目对支付给分包商和供应商的币种及比例的确定，将决定汇率管控的难度。通常，采用特许经营权协议约定的支付币种和比例，被认为是较好的转移汇率风险的措施。

2）项目总体资金收支计划。项目从施工准备阶段开始至项目竣工期间将发生许多大额资金收支。由于国际承包工程所处地域特点，这些大额资金通常会出现多个币种。不同币种在不同时点也将增加项目汇率管控的难度。做好项目总体资金计划，合理安排多币种资金收支，尽量减少不同币种间兑换，能有效降低项目汇率风险。

（3）工程建设阶段。工程建设阶段的汇率管控将与不同的施工组织安排、项目外包和采购费用结算额，以及支付时间有直接关联。

（4）投运阶段。项目进入投运阶段后，开始产生特许经营权收入，并支付项目运营维护费用。此阶段的汇率管控主要是针对特许经营权收入的货币结算。特许经营权投运时间较长，在此期间汇率波动在所难免，因此尚未收回的经营权收益将面临汇率风险。同时，该风险与融资结构及长期商业贷款比例有关。

3. 汇率管控中的风险应对措施

（1）加强汇率走势研究。汇率波动是汇率风险产生的根源，一切汇率风险规避方法均基于对未来汇率走势的预期。因此，加强汇率走势预期研究是有效规避或减轻汇率风险的有力措施。影响汇率走势的因素错综复杂，仅凭一个项目甚至一家企业的能力准确预测汇率走势难度巨大，因此，项目可以借鉴或购买专业金融研究机构的成果，以更准确地把握汇率走势。

（2）合理选择结算款支付币种和比例。项目应确定分包款、采购款的支付币种和比例。由于项目结算款、工程分包款、设备物资采购款涉及的金额相对较大，它们对汇率波动也较为敏感，是项目汇率风险控制的重点。项目应根据可自由兑换外币和当地货币汇率的预期走势，合理选择结算款、分包款、采购款等涉及的资金收支币种和比例，以降低汇率风险。

（3）选择固定汇率或浮动汇率折算。由于结算账单币种与支付币种不完全一致，在实际支付结算款时，需要将账单金额折算为支付币种金额。这就涉及按照固定汇率还是浮动汇率折算的问题。不管是选择固定汇率还是选择浮动汇率，在汇率发生波动时，项目都将面临一定的汇率风险。在选择固定汇率或浮动汇率时，项目团队应考虑结算账单币种、结算款支付币种、可自由兑换外币汇率预期走势、当地货币汇率预期走势等因素。

（4）制订可行的融资计划。国际特许经营权项目可行的融资计划不仅有助于项目团队掌握资金宽裕和短缺的时段，从而合理安排资金，还能使项目主动筹划资金支付事宜，争取同币种支付，尽可能减少融资计划考虑不周全导致的在不同币种之间盲目进行兑换的情况，降低项目汇兑损失。

（5）利用金融工具避险。金融机构提供了一些金融产品，如远期结售汇、货币掉期及货币期权等。国际特许经营权项目可以根据资金收支计划，结合金融工具的特点，利用这些金融工具有效防范汇率风险，降低汇兑损失。

4. 汇率管理应用实践

巴西基础设施投资回报以雷亚尔计价，因此基础设施建设项目面临长期经营性汇率风险。基于此，应尽可能多地使用巴西当地的融资方式。此外，巴西境内注册的企业不能开立外币账户，收到的外币注资在进入巴西时必须兑换为雷亚尔，而巴控公司进口中国和欧美设备需支付的外币设备款必须用雷亚尔购买美元后汇出。因此，巴西的基础设施项目投资在建设期存在股东注资和外币付款的双重汇率风险。

美丽山二期项目中标后，预合同中有 7 亿美元金额的进口采购。商业计划按常规做法，购买无本金交割远期外汇，按照预计平均美元兑雷亚尔锁汇汇率 4.2，安排了约 8.8 亿雷亚尔的汇差成本。然而，考虑到我国股东注资计划，若将需用美元换雷亚尔的注资资金和需用雷亚尔换美元的采购资金同步操作、同进同出，便可实现两个方向汇率风险敞口的自然对冲。这不仅几乎消除了股东和项目公司双方的换汇汇率风险，还节约了在市场上购买无本金交割远期套保工具的成本。

项目公司最终通过在当地发行过桥债券的方式解决了项目早期的施工资金缺口问题，预留股东注资用于美元采购，实施效果良好，项目实际发生汇差成本节约超过一半。

10.2.2 融资管理

1. 融资管理概念

融资管理是为特定的工程项目筹集资金并进行有效管理的过程。它主要涉及向某个国家或地区的工程项目提供贷款，这些贷款的偿还依赖于项目未来产生的现金流量和收益，并以项目资产或经营该项目的经济单位资产作为担保。融资管理还涵盖风险分担、资金来源多样化、有限追索等策略，旨在确保项目资金充足且风险可控。在国际工程项目中，有效的融资管理对项目的成功实施至关重要，它要求各方共同协作，确保资金按时到位，同时降低融资成本、优化资金结构，最终实现项目经济效益最大化。

2. 项目融资的策划过程与渠道选择

（1）项目融资的策划过程。项目融资是为特定经济实体（如工程项目）安排的融资方式。这种融资方式的特点在于，贷款人在最初考虑安排贷款时主要依赖该经济实体的现金流量和收益作为还款来源，并可能以其资产作为贷款担保。

项目融资的策划过程通常包括以下几个关键步骤：

1）明确项目融资渠道。根据项目的情况和融资需求，分析并选择适用的融资渠道。常见的项目融资渠道包括权益成本（项目的资本金）、国内银行贷款、国外贷款、债券发行等。此外，还可以通过租赁方式筹集资金，或者吸引项目设备/材料供应商、工程承包商等作为项目股东参与资金筹集工作。

2）选择项目还款方式。确定融资渠道后，根据项目现金流和收益情况选择适合的还款方式。灵活设计还款方式以最大限度地降低项目的财务风险。

3）分析项目融资风险。项目融资过程中可能面临多种风险，如市场风险、技术风险、财务风险等。因此，在项目融资策划阶段，需要对这些风险进行充分的分析和评估，制定相应的风险应对措施。

4）确定项目融资方案。在综合考量项目融资渠道、还款方式和融资风险等因素后，确定最终的项目融资方案。该方案应既能满足项目资金需求，又可降低项目的财务风险。

（2）项目融资渠道选择。国际特许经营权项目融资渠道主要包括以下几种类型：

1）商业银行贷款。商业银行是国际特许经营权项目融资的主要资金来源之一，其贷款审批需评估项目可行性、风险及收益水平。此外，商业银行还可提供项目融资咨询、融资结构设计等服务。

2）政策性银行贷款。政策性银行通常是由政府或各州投资成立的银行，如 BNDES。政策性银行的贷款程序比较复杂，基准利率相对于国债具有一定优势，贷款额度大且期限较长，是基础设施项目的主要融资渠道。

3）国际金融机构贷款。国际复兴开发银行（IBRD）、国际开发协会（IDA）、国际金融公司（IFC）等机构，通常会为发展中国家的基础设施项目提供融资支持。它们会评估项目的经济、社会、环境影响和效益，并提供长期、低息贷款。

4）政府间贷款。国家政府为支持特定项目或推动国际合作，会为其他国家提供政府间贷款。这种贷款通常具有政治色彩，利率较低，但需满足特定的政治条件和经济条件。

5）出口信贷机构。国家政府为支持本国企业参与国际项目竞争，通常会设立出口信贷机构。这些机构会为参与国际特许经营权项目的本国企业提供融资支持，如提供买方信贷、卖方信贷等。

6）私人投资者。私人投资者包括养老基金、保险公司、投资银行、私募基金等，他们通常选择收益稳定和风险较低的项目。因此，国际特许经营权项目如果风险较低并能够提供稳定的回报，就有可能吸引这些投资者的关注。

7）巴控公司自有资金。巴控公司将股东注资的一部分资金作为项目的初始资金，把这些资金用于项目的初期建设或运营，降低项目的融资成本。

8）金融租赁公司。金融租赁公司可提供设备租赁融资服务，这对于需要购置大量设备的特许经营权项目来说是一种有效的融资方式。金融租赁公司可以购买设备并将其出租给项目公司，项目公司按期支付租金，从而减轻项目的资金压力。

9）发行长期基础设施债券。基础设施债券是经政府相关部门批准的融资工具，旨在鼓励投资者参与基础设施项目的投资建设，该债券以债权凭证形式发行，为基础设施项目募集所需资金。

（3）项目融资渠道比较。在国际特许经营权项目中，不同融资渠道具有差异化特征和适用场景。各种融资渠道优缺点对比如下：

1）商业银行贷款。

①优点：资金量大，灵活性高，适用于各种规模和类型的项目。

②缺点：贷款审批流程可能较长，对项目的风险评估较为严格，贷款利息可能较高。

2）政策性银行贷款。

①优点：基准利率相对于国债具有一定的优势，贷款额度大且期限较长。

②缺点：审批流程复杂、准入条件严苛。

3）国际金融机构贷款。

①优点：资金成本低，贷款期限长，对项目的评估较为全面，通常包含技术援助。

②缺点：申请流程复杂，需符合特定政策框架，可能涉及政治因素。

4）政府间贷款。

①优点：资金成本低，政治意义大，通常具备低利率和长还款期限的特征。

②缺点：受制于国家和地区之间的政治关系，需满足贷款方政府设定的政治和经济条件。

5）出口信贷机构。

①优点：适用于设备或技术出口类项目，能够提供优惠的融资条件，促进本国贸易出口。

②缺点：涉及国际政治和经济关系，申请流程可能较为复杂。

6）私人投资者。

①优点：资金来源广泛，可提供灵活多样的融资方式，如股权投资、债券投资等。

②缺点：对项目的盈利能力和风险控制要求较高，需提供较高的回报率以吸引投资者。

7）巴控公司资本金。

①优点：资金成本可控，能够减轻项目公司的资金压力，保障项目的顺利实施。

②缺点：可能对巴控公司股东的财务状况产生较大影响。

8）金融租赁公司。

①优点：能够减轻项目公司的资金压力，实现设备的快速投入使用，同时降低设备购置风险。

②缺点：租金成本可能较高，租赁期限可能较短，不利于项目的长期运营。

9）发行长期基础设施债券。

①优点：额度大，可享受税收优惠政策。

②缺点：必须为政府相关部门批准的优先项目，只能在项目公司层面发行且只能用于该项目。

项目公司在选择融资渠道时，需综合考量项目的具体情况、融资需求、市场环境及不同融资渠道的特点和适用性。项目公司还需与融资方进行充分的沟通和协商，确保融资方案顺利实施并降低融资成本。此外，项目公司还需关注市场动态和政策变化，根据市场变化及时调整融资策略。

3. 项目融资管理应用实践

美丽山二期项目总投资规模近 100 亿雷亚尔。根据原项目商业计划，项目的融资结构是资本金占比 40%、长期债务融资占比 60%，其中约 31% 由巴西国家政策性银行——经济社会发展银行提供长期贷款，剩余 29% 需通过资本市场融资完成。

项目团队在与巴西当地商业银行、跨国银行、政府基金等金融机构开展债务融资合作的过程中，深入研究巴西的融资环境特点，制定了针对性的融资策略，并在此基础上不断拓展融资渠道，及时多次调整优化融资结构，最终圆满筹措到比原计划融资方案更为优质的足额资金，降低了融资风险与成本，提高了股东投资回报。

（1）项目融资环境分析。巴西金融市场总体上具有银行寡头垄断、资本市场容量不大、汇率风险较大、名义利率较高等特点。

1）巴西金融市场的总体特点。巴西金融市场特点如下：

①当地银行形成了寡头垄断结构。巴西资产超千亿美元的大型银行只有伊塔乌银行（ITAU）、布拉德斯科银行（BRADESCO）、桑坦德银行（SANTANDER）、巴西银行（Banco do Brasil）、巴西联邦储蓄银行

(CAIXA)、BNDES 6 家，其他银行规模都不大；中国工商银行、中国银行、中国建设银行、交通银行和国家开发银行等中资银行虽然在巴西都有分支机构，但受限于经营规模，对单一集团客户能提供的最大融资额不超过 1 亿美元。国家开发银行目前在巴西主要提供外币信用产品。总体上看，大型基建项目银行融资渠道的选择比较有限。

②资本市场容量不大。2018 年巴西资本市场融资总额 2237 亿雷亚尔，较 2017 年增长 3.2%，固定收益证券占比从 2017 年的 77% 提高到 89%。其中，基础设施债券是 2012 年针对基础设施项目长期融资设立的产品，对投资者有税收优惠，2018 年规模达到 236 亿雷亚尔，较 2017 年的 91 亿雷亚尔增长 160%，基础设施债券是巴西绿地基建项目长期融资的重要渠道。

③汇率风险较大。见第 10 章 10.2.1 节。

④高利率和高通胀。巴西基准利率较高，基准利率的波动幅度也非常大，对于直接与基准利率挂钩的短期融资而言，利率波动风险尤为显著。此外，巴西通胀率常年处于高位，呈现典型的高利率、高通胀经济特征。

2）美丽山二期项目融资渠道。国际基础设施工程项目普遍采用长期债务融资模式，基于其融资特点，通常采用多元化、多渠道融资策略，以美丽山二期项目为例，其融资渠道主要包括以下类型：

①成熟融资渠道。巴西基础设施项目融资最成熟和最常用的融资渠道是由政策性经济社会发展银行贷款和长期基础设施债券融资。这两种方式都采用按揭分期还款模式（等额本金或者等额本息），非常适合每年有稳定收益的基础设施项目。在担保方面，项目建设期需要提供额外担保覆盖建设期风险，在项目运营期一般用项目本身（股本、特许经营权协议赋予的收益权等）进行担保，减少母公司的信用占用，是基础设施项目投资的

理想融资方式。

一是政策性银行贷款。巴西基础设施项目的长期融资主要依赖政策性开发银行体系，其中BNDES和各州的政策性银行构成核心力量。BNDES成立于1952年，截至2018年末资产总额约8025亿雷亚尔，年度贷款发放量693亿雷亚尔。

BNDES贷款程序较为复杂，从提交申请到放款一般需1年周期；要求也较为严苛，需获得环保部门签发的施工预许可证之后才能正式申请贷款，且在获得施工预许可证之后才能上会审批；融资额度方面，正式申请前6个月的工程进度款不能列入贷款范围，且只向符合本地采购等特定条件的投资提供融资。

对于大额贷款项目，为了分担风险，BNDES往往要求将部分贷款通过当地银行转贷，相当于由当地银行提供了担保。转贷将增加融资成本，项目公司可通过提供全程额外担保等方式与BNDES协商，争取减少转贷比例或取消转贷。

作为政策性银行，BNDES的基准利率相较国债利率具有一定的优惠。但自2018年启动的市场化改革将持续至2023年过渡期结束，届时将实现利率完全市场化。BNDES具有贷款额度大、可解决大额融资需求、期限长（可达20多年）的显著优势，若能争取到市场化改革的过渡期政策支持，即使没有较大成本优势，也是非常重要的长期资金来源。

二是发行长期基础设施债券。融资的另一个主要渠道是发行长期基础设施债券。巴西债券市场近几年的发行量稳定在800亿雷亚尔左右，2018年增长异常迅速，债券总额近1400亿雷亚尔，其中基础设施债券236亿雷亚尔，同比增长160%。

基础设施债券是根据巴西2011年第12431号法律设立的，专为激励投资者参与基础设施项目，期限长达 15~20 年，是基础设施项目长期融资的最佳渠道之一。

这类债券享有税收优惠，但资金用途严格限定于相关部门批准的优先项目。例如，由能源矿产部审批的输电项目，且发行额度不得超过发行日前两年内的实际投资额。基础设施债券只能在项目公司层面发行，筹集资金只能用于该项目。

长期债券一般在 BNDES 贷款到账之后发行，发债的文本需要 BNDES 的审批，由于还需完成证监会的监管登记、评级等程序，从询价启动到收到资金一般需要 4 个月甚至更长的时间。

②其他融资渠道。除了上述渠道，融资渠道还有以下几种：

一是融资渠道拓展。基础设施项目一般投资额巨大，上述常规融资渠道往往难以满足项目的全部融资需求。在项目融资过程中，项目团队致力于寻找、接触、探索和开拓一些融资渠道，如巴西政府的养老基金、区域养老基金、"一带一路"专项基金，以及境外开发银行贷款等。

二是过桥融资渠道。在项目建设初期，在长期贷款到位前还需要筹划过桥资金融资，以保障项目建设资金充足，确保项目成功实施。美丽山二期项目过桥资金主要从表 10-1 所示的渠道进行融资，各种不同过桥融资方式比较见表 10-1。

表 10-1 各种不同过桥融资方式比较

项目	商业银行贷款	4131 贷款[①]+货币掉期	短期债券
利率	正常	受外汇市场波动影响，可能最低	略低
金融操作税	有	有	无
放贷速度	最快	需提前签订外汇交易框架合同	至少 1 个月
提前还贷	正常	提前终止掉期合约的汇率损失	支付违约金

(续)

项目	商业银行贷款	4131 贷款[①]+货币掉期	短期债券
监管			400 模式[②]要在证监会登记
再次融资	无限制	无限制	476 模式[②]发行时间有 4 个月间隔

① "4131"名称来源：境外机构提供的外币贷款是由巴西 1962 年颁布的 4131 号法律予以规范的。

② 巴西债券发行主要有按 400 号规章和 476 号规章这两种发行方式。采用 400 号规章的发行方式，可面向不特定的公众进行公开发行，但公司必须首先在巴西证监会办理债券类上市登记手续，接受严格的监管；476 号规章的发行方式则只能向有限数量的机构投资者发行，且最终投资者不能超过 50 个。此外，企业再次发行 476 号规章债券，需有 4 个月的间隔要求。

三是商业银行贷款。商业银行贷款是程序最简单的融资渠道，程序和手续比短期债券更为简单，可以在授信额度内按需支取或归还，与债券不同，若提前归还可能要支付违约金。

四是 BNDES 过桥贷款。对于 BNDES 有意向提供长期融资的项目，可申请过桥贷款。虽然利率不具优势，但能提前获取 BNDES 项目评估，有助于加快长期贷款的审批流程。

五是外币贷款加掉期（4131 贷款+货币掉期）。巴西市场将境外机构提供的外币贷款定义为 4131 贷款。4131 贷款突破了巴西本地资本市场容量限制，极大拓展了资金来源渠道。鉴于雷亚尔汇率波动剧烈，一般同步将外币掉期为雷亚尔，由此形成了 4131 贷款+货币掉期的模式。

六是短期债券。巴西债券市场比较成熟，主要是投资方为基金公司，也有银行自营购买。因为债券没有金融交易税，所以融资成本略低于商业银行贷款，是最常用的融资渠道。基于发行债券成本优势，银行有时会把商业贷款也替换成购买项目公司发行债券的形式。在美丽山二期项目融资过程中，分 3 次发行了 29 亿雷亚尔的短期债券，尽管规模大，但期限都不

第 10 章 财务管控超越

超过两年,以"476 模式"发行。

(2)美丽山二期项目融资策略。在综合研究分析了巴西融资环境的各项特点后,项目团队根据项目的融资需求,制定了以下 4 条融资策略:

1)增加当地政策性贷款。政策性贷款可以做到期限比债券更长,因此其每年摊销的本金更少,在满足偿债保障倍数限制的条件下,可增加债务融资替换股东注资,或增加项目运营早期可分配给股东的现金流,均可大幅提升回报率。此外,政策性贷款一般有补贴,如 2018 年 BNDES 贷款基准利率较国债低 2%左右。增加政策性贷款额度非常重要,可大幅度节约利息支出,提升股东投资回报率。美丽山二期项目的融资要突破障碍,应充分利用政策,努力提高项目融资中巴西政策性融资的比例。

2)增加本地货币长期融资。巴西货币汇率波动较大,为规避长期的经营性汇率风险,应尽量减少外币融资和外币股东注资,尽可能增加巴西货币融资,以减少雷亚尔资产和外币负债的不匹配问题。在债券方面,尽量通过定制前期还本较少、后期还本较多的还本结构,延长债券的平均期限;或直接延长债券期限,通过降低每期还本金额提升平均期限,这些都相当于增加了债务。

3)选择合适的发债时机。长期融资成本主要与发债时的国债利率和风险溢价有关。2016—2018 年,巴西国债的利率波动较大,最高通胀率达+7.5%,最低通胀率为+4%。对于巴西境内的债券投资者来说,在选择固定收益类投资时,国债是最佳参考标准,假设针对某基础设施项目的债券,投资者认为高于国债 1%就愿意投资。在国债成本是通胀率+4%时发行债券,发债成本即利率+5%,而当国债成本是通胀率+7.5%时发行,则成本就为利率+8.5%。因此,发债时机的把握非常重要。

从风险溢价角度来看,当市场长期资金供应充足时,风险溢价相对较低，例如，2019年第一季度发行的基础设施债券较国债的溢价只有0.25%，远低于历史平均水平。因此，风险溢价水平也是选择发债时机时需要关注的因素。

4）采用适当的过桥融资。过桥融资的重要性不仅体现在满足长期资金到位之前的资金缺口，还体现在以下一些重要方面：

一是可以减少股东注资，获取更多长期本地货币融资。若前期过桥贷款不足，采用增加股本注入的方式满足项目长期融资到账前的资金需求，后续减资将面临较大困难。

二是可以等待更好发债时机。根据巴西经济发展情况判断，为获得发行长期债的好时机，获得长期低成本的资金，如果存在畅通的短期融资渠道，使用过桥资金等待更好的长期债券发行时机，是一种有效策略。

三是能够助力对冲交易性汇率风险。如前文所述，外资企业项目注资往往是美元或欧元，巴西从国外进口同样需要使用美元或欧元，这两类交易的换汇风险可通过外币注资和外币采购的对冲策略予以化解。因此，在项目前期通过过桥融资解决资金缺口，空出外币注资额度用于支付外币采购，能够有效降低汇率风险。

（3）美丽山二期项目融资方案。在融资策略的指导下，项目管理团队积极开拓各类融资渠道，敏锐关注巴西资本市场的动态变化和机会，不断优化融资结构。经历了三次融资思路和方案的调整优化，最终成功获得了最优融资条件，大幅降低了项目融资成本与汇率风险。

1）项目商业计划融资方案。根据美丽山二期项目商业计划最初确定的融资方案，计划通过发行长期基础设施债券的方式在巴西当地募集约27亿雷亚尔的资金。为此，项目团队策划了诸多方案。为提高债券发行的成功率，最终形成在项目建设后期分三年三次发行的方案，原因如下：

①技术优势,传递市场信心。国家电网拥有特高压直流输电技术及工程建设的丰富经验,管理团队对项目建设的成功很自信,项目建设期风险可控。同时,在建设后期,项目成功在即,施工期风险大幅降低,市场对项目债券还本付息的信心得到实质性的提升。

②预注资,解决早期资金缺口。分三年发行更适应市场容量,能大幅提升发行成功的概率,降低发行成本。然而,如果按照这个方案,推迟到项目投产后期才发行债券,项目建设期的建设资金将出现较大缺口。为此,该方案安排了12亿雷亚尔的股东预注资,由巴控公司负责出资。在项目公司发完债券后,向巴控公司偿还这笔预注资,剩余建设期资金缺口部分则借助过桥贷款解决。

预注资虽然成本较高,但有两个优点:一是在巴西本地以巴控公司为主体发债,利息可以在税前扣除,也就是说有税率效应;二是巴西汇率波动大,当地货币贬值风险很大,虽然巴西境外发债利率比巴西本地发债利率低,但是外币升值风险导致实际还款时,当地货币增加的幅度可能会超过利息节省额。因此,相较于外币融资的方案,股东预注资方案是可以接受的,且资金有保证。

至此,在发行长期债券的大方向上,项目形成了一个具有可操作性、能基本满足项目建设资金需求、可接受的融资方案。尽管成本相对较高,但与其他竞争对手相比,项目公司的融资方案在当时的市场环境下仍具有较大的优势,更具抵御巴西融资市场动荡风险的能力,并存在进一步优化的空间。

2)多措并举突破渠道融资。为进一步优化项目融资方案,项目公司将视线转向常规融资渠道以外的各类资金,先后接触和比较了巴西政府养老基金、区域发展基金、"一带一路"专项基金、巴西境外开发银行贷款、巴西境外发债、中资银行创新合作方案等多种资金渠道和合作模式，最终在巴西企业年金投资基金、"一带一路"专项基金及国开行联合巴西本地银行的创新合作模式三个方向实现重大突破。

①积极参与巴西企业年金投资基金投资项目招标，获得顶格10亿雷亚尔低成本贷款。在得知巴西企业年金投资基金将于2016年首次面向全国公开招标优质基础设施投资项目的消息后，项目公司决定抓住这一机遇，在巴西企业年金投资基金的第一轮公开招标中积极参与投标，并在30余个投标项目中胜出，成为仅有的三家中标单位之一，并获得基金单个项目的投资上限10亿雷亚尔。三个项目总投资为13亿雷亚尔，其他两家中标企业分别仅获得1亿多雷亚尔。贷款利率为巴西国债利率+1.5%，低于项目原商业计划中的国债利率。从资金规模来看，这项贷款能为项目27亿雷亚尔融资任务解决较大比例的资金需求。

②主动联系中巴扩大产能合作基金，对接推荐项目，获得更优惠方案。2017年7月，中巴扩大产能合作基金开始在巴西计划发展部网站公开招募项目。项目公司获知这一消息后，主动联系并向巴西计划发展部推荐项目并获得认可，成为中巴政府审批通过的首批项目。中巴基金承诺以购买项目公司发行债券的方式，向项目投资15亿美元，由基金承担汇率风险。中巴基金的投资价格比养老基金更为优惠，约为通胀率+1.5%，低于巴西国债。

③与中国国家开发银行创新合作模式，实现重大突破。国家开发银行是中国最大的对外投融资合作银行，通过其巴西分支机构与巴控公司接触交流后，愿意为美丽山二期项目提供融资计划，但贷款资金只能是美元。国家开发银行方案是依托自身信用与巴西当地银行合作，进行套保操作，把美元通过这家巴西银行兑换成雷亚尔，为美丽山二期项目提供10亿美元

的雷亚尔贷款，并获得巴西当地银行的积极响应，解决项目的全部融资问题。

通过上述三个方案，项目的融资问题基本得到解决，各方案在工作流程中同步推进。

3）把握新政达成最优融资方案。按照美丽山二期项目商业计划最初的融资方案，BNDES 计划为项目提供规模达项目总投资 31%的优惠政策贷款，且在 2018 年初已通过贷审会审批，只待合同签署。

2018 年 6 月，BNDES 发布新贷款条件，针对 2018 年实施本地采购的巴西输电项目，融资比例可从原来的 50%提高至 100%，贷款期限也从原来的 14 年延长到 24 年。这些新的变化对美丽山二期项目极为有利。项目公司果断暂停与 BNDES 原贷款合同的签订，积极申请采用新贷款条款，期望通过 BNDES 优惠贷款满足项目全部债务融资需求，以获取最优融资条件。

然而，BNDES 新贷款条件规定只适合 2018 年招标新项目，改变原有巴西国家开发银行贷款申请存在以下三方面难点：

①原有 BNDES 贷款比例在特许经营权招标文件中已明确，项目招标对所有投标者一视同仁，都为 50%。若现在项目公司实际采用与当时公开招标条件不同的政策，当时的竞标参与者可能会提出异议。

②BNDES 领导层出现变更，新领导一般不愿冒险改变已成型的贷款计划。

③BNDES 贷款变更手续极为复杂，用时较长，重新申请会使项目资金的发放从 2018 年推迟至 2019 年，这期间资金缺口需要另想办法解决。

项目公司深入分析了各种情景的风险和后果后认为，若能成功争取新政策，可实现项目绝大部分融资使用 BNDES 优惠贷款；若争取失败，还有原 BNDES 贷款保底，只是资金发放会有所推迟。巴控公司凭借自身在市场上树立的优秀信用和实力，完全有能力在短时间内从市场上获得过桥贷款满足这段时间内的资金需求，能够控制融资风险。

最后，项目团队基于对自身实力和 BNDES 新政策的判断，达成以下共识：一是即使申请新政策失败，过桥贷款对项目公司在巴西金融市场上的信用也不存在问题；二是 BNDES 不会因项目公司贷款变更申请行为而停止实施原贷款方案；三是项目公司前期已准备好成熟的与 BNDES、中巴基金、巴西年金投资基金等合作的总额至少 30 亿雷亚尔的融资规模备选方案，足以应对各种不利情况。

事关重大，时间紧迫。巴控公司总裁决定在两周内协调落实巴西国家开发银行长期贷款的新政策，他多次与巴西矿能部等部门沟通，得到巴西矿业与能源部及巴西总统办公厅的支持，首席部长亲自与 BNDES 总裁沟通。BNDES 总裁组织其工作团队与项目公司团队召开协调沟通会，达成以下共识并开展行动：同意按新的贷款政策执行；项目公司提出申请、采用新贷款政策，银行不再重新开展审贷程序；争取 2018 年 10 月完成新贷款审批。新贷款方案为：全部享受与原 2016 年方案相同的优惠条件，不再实行 1/3 贷款需通过其他银行转贷的机制，从而一举解决了项目全部长期融资问题。根据 BNDES 官网的政务公开信息，美丽山二期项目公司最终获批的 BNDES 政策性贷款总额为 52 亿雷亚尔，成为近几年最大的单一项目贷款。

此外，由于 BNDES 贷款期限长达 24 年，远超原计划的长期债券年限，且利率较低，极大降低了项目投入运营后每年的还款额。此外，按照总债务偿债保障倍数 1.3 的要求，项目公司还可额外发行 11 亿雷亚尔（约合 19 亿元人民币）的长期基础设施债券融资。这样一来，项目需投入的资本金就可以减少大致相同规模，使得项目最终实际的融资结构为：资本金投入 26.6%，BNDES 长期贷款 60.6%，长期债券 12.8%。图 10-1 为项目融资结构优化图。

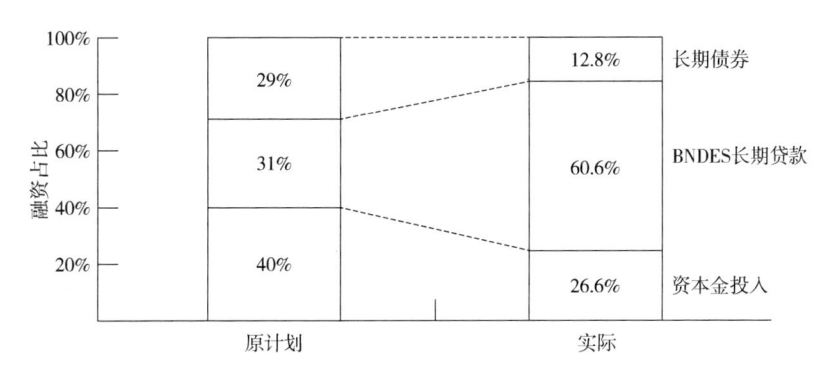

图 10-1 项目融资结构优化

与原计划相比，优化后的项目融资结构大幅减少了股东需投入的资本金，降低了项目融资成本，提升了股东的投资回报率。

10.2.3 价格波动管理

1. 价格波动管理概念

在国际特许经营权项目投资建设中，价格波动管理是针对长期采购的设备/材料价格变动的风险管理和成本控制策略。鉴于国际特许经营权项目投资周期较长，设备/材料的价格容易受多种因素影响（原材料价格波动、汇率变动、供需关系变化等）而发生较大幅度变化。

价格波动管理旨在通过双方协商，设定合理的价格锁定或调整机制。例如，签订预合同以锁定采购价格；或根据市场价格的不确定性，约定价格调整公式、调整周期和触发条件。这种机制可以确保甲方在采购过程中，既能获得所需的设备/材料，又能有效控制成本，避免因市场价格波动遭受经济损失。

通过实施价格波动管理，甲方可以更好地管理采购成本，预防成本失控，同时维持与供应商之间的良好合作关系。

2. 价格波动管理内容

在国际特许经营权投资建设中，针对设备/材料的价格波动，甲方与供应商通常会采取一系列具体措施管理和控制成本。以下是价格波动管理的4条具体内容：

（1）锁定和设定价格调整机制。具体方式如下：

1）预合同价格锁定。双方通过签订预合同的形式约定采购数量和价格，甲方中标后，即可正式签约。这种方式在巴西通常适用于工程周期短、投资小的项目。

2）设定价格调整机制。事先约定一套价格调整机制，该机制通常以市场指数（原材料价格指数、汇率指数、通货膨胀指数等）的变动情况为依据。当这些指数超过预设的阈值时，将触发价格调整，以此确保采购价格能够反映市场实际情况，合理分摊价格变动风险，维护双方利益和良好合作关系。

（2）确定价格调整周期。价格波动管理协议中明确价格调整的周期，如每季度、每半年或每年进行一次。调整周期的确定应对市场变化的敏感性和管理成本两方面进行权衡。

（3）建立争议解决机制。对于价格波动管理过程中存在的争议，协议中明确了解决争议的流程和机制，如通过协商、调解或仲裁等方式予以解决。这有助于保障双方在价格波动管理过程中的合法权益。

通过上述措施，甲方与供应商可以更有效地管理设备/材料采购中的价格波动风险，进而控制工程成本，确保项目顺利进行。

3. 价格波动管理应用实践

美丽山二期项目输电线采用全铝 1590MCM 型导线，导线总重量达 6.877 万 t。这是由项目公司负责采购的项目主材之一，其成本占比较高。在特许经营权招标前，项目公司就已通过招标与巴西本地的 ALUBAR 公司签订了 3.78 万 t 导线采购的预合同。因为国际市场的现货铝价波动较大，所以合同条款约定导线成品的价格需按照伦敦金属交易市场的铝价变动情况进行调整，合同签订时的基准价为 1690 美元/t。

按照工程实施计划，这种导线的供货需从 2018 年 1 月开始，于 2019 年 1 月完成。考虑到导线厂家需提前 2 个月进行导线加工及运输，导线生产所需铝材的采购时间段为 2017 年 11 月至 2018 年 11 月。基于导线加工的实际需求，需要以远期合约方式，在合适的价格水平上锁定这一时期的铝材价格，以此控制原材料价格风险。

自 2009 年以来，伦敦金属交易市场的现货铝价始终在 1500～3271 美元/t 的范围内大幅波动。项目公司自项目启动就持续关注国际市场的铝价波动。2016 年 1 月，当伦敦金属交易市场铝价进入 1600 美元/t 左右的波动区间时，项目公司判断该价格已低于采购合同签订时的基准价，且大幅低于项目商业计划的计划价，铝价下行空间有限，而上浮风险较大，果断在该价格锁定了 3.7 万 t 原材料。之后国际市场铝价一度上扬至 2200 美元/t，远超项目商业计划设定的计划价，此项操作较原商业计划节省了数千万美元。精准低价锁定大宗原材料期货价格，有效降低原材料成本，是超越项目管理的成功实践。

10.3 财务管控超越小结

在美丽山二期项目中，财务管理范畴从单纯的项目成本估算、预算和控制管理，拓展到更为全面的项目财务管理，关于财务管理模型的超越小结详见第 3 章 3.3 节。在此仅对汇率管理、融资管理和价格波动管理方面的超越进行小结。

1. 汇率管理超越

美丽山二期项目在汇率管理超越方面采取了创新性举措。主要做法为优化资金配置，美元注资直接用于美元采购，减少雷亚尔换汇需求。如此一来，实现了汇率风险敞口的自然对冲，不仅消除了汇率风险，还节约了在市场上购买无本金交割远期套保工具的成本。通过上述汇率管理措施，项目取得了良好成效，如项目实际发生的汇差成本节约 50% 以上。

2. 融资管理超越

美丽山二期项目投资规模较大，而项目所在的海外资本市场规模相对有限，这给本地融资带来了极大挑战。项目公司采用全新融资解决方案，将资本金投入比例从 40% 降为 26.6%，大幅减少了股东需要投入的资本金，降低了整体融资成本，提升了股东投资回报率。

项目融资超越的做法包括：综合分析融资环境，比较各种融资方案优劣势；增加当地政策性贷款，增加本地货币长期融资占比；选择合适的发债时机；采用适当的过桥融资；选择最优融资方案等。

3. 价格波动管理超越

在美丽山二期项目竞标阶段，项目团队通过预合同方式成功锁定了大

第 10 章　财务管控超越

宗原材料的采购价格，并根据竞标实际情况与供应商共同商定采购价格的调整幅度，以此精确测算投标报价，从而确保项目中标。

项目中标后，持续实施有效的价格波动管理。美丽山二期项目在导线采购成本方面较原商业计划节省了数千万美元。通过价格锁定和价格波动管理前置，超越了传统项目管理的询比价方式，有效降低了原材料成本，提高了项目投资回报率。

第 11 章 价值交付超越

11.1 价值交付综述

项目存在的意义就是不断为客户创造价值，在令利益相关方满意的同时实现自身价值。

美丽山二期项目一方面助力巴西实现美丽山水电站最大装机电力按时送出及降低送出损耗的目标，同时实现巴控公司的商业战略目标，包括将中国特高压直流输电技术输出到巴西，在巴西赢得社会信誉，提高国家电网品牌价值，提升市场格局；另一方面，通过项目的投资、建设和运营，依据特许经营权协议优化融资及成本结构，降低投资和运营成本，获取商业收益。巴控公司通过美丽山二期项目的实践，成功建立了项目价值交付系统，实现与客户、合作伙伴的合作共赢及利益共享。

1. 价值交付发展历程

项目交付的关注点经历了三个阶段，分别是以质量为核心的阶段、以客户满意度为核心的阶段、以价值交付为核心的阶段，如图 11-1 所示。

（1）以质量为核心。此阶段主要强调按合同交付，项目交付的关注点是进度、成本和范围，核心是质量。

图 11-1 项目交付关注点的发展

（2）以客户满意度为核心。此阶段项目交付的关注点是以合同为交付基础，以客户满意度为核心，管理好项目的价值和质量，提升客户满意度和黏性，快速响应客户需求。

（3）以价值交付为核心。重点考量的是项目战略和商业价值，围绕战略商业规划、关键利益相关方满意度、投资回报等目标设计项目交付方案，同时预判和管控风险，致力带动项目合作各方实现商业价值的增长。

2. 项目价值的"根"和"源"

项目价值的"根"和"源"，归根结底就是明确项目为谁创造什么样的价值。

当企业启动项目时，其目的是为组织创造当期的商业价值、未来的战略价值和组织能力增强的价值，见表 11-1。

表 11-1 项目交付的三种价值

当期的商业价值	未来的战略价值	组织能力增强的价值
√收入增长 √成本降低 √资本效率提升	√特高压直流输电技术输出 √品牌价值提升 √市场格局提升	√人员能力提升 √运营效率提高 √流程能力增强

3. 项目价值交付系统

随着项目价值交付理念的传播及价值管理方法的传承，一套价值交付系统应运而生。该系统包括价值交付系统模型、决策机制、管理团队等，旨在帮助组织在快速变化的商业环境中保持和提升竞争力，即便在工期紧张的情况下也能实现前提投运，从而为组织创造商业价值和战略价值。

（1）项目价值交付系统模型。项目价值交付体系形成了项目交付和价值管理的双循环模式。在交付过程中，通过四次"握手"，即价值目标"握手"、价值路径"握手"、价值节奏"握手"及价值兑现"握手"，将价值交付融入项目交付的全过程。项目价值交付系统模型如图 11-2 所示。

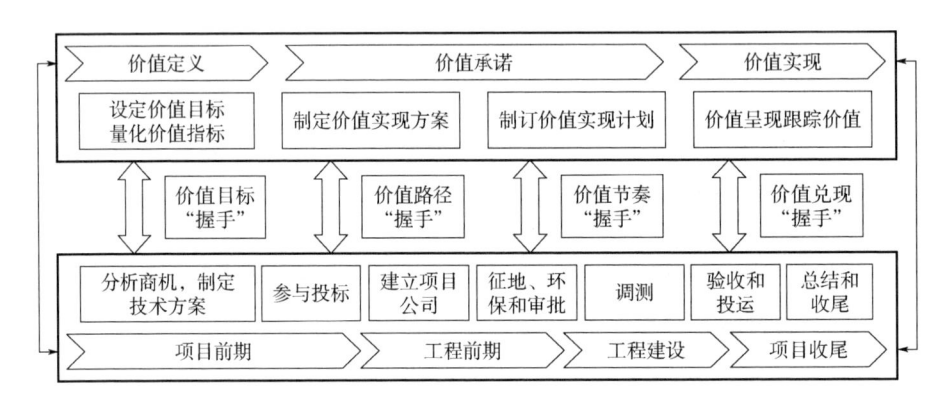

图 11-2　项目价值交付系统模型

1）价值目标"握手"。在项目前期，通过商机获取、技术方案准备、可行性分析，设定价值目标，完成价值定义。可行性分析与价值目标有机结合，相辅相成，实现第一次"握手"。

2）价值路径"握手"。在制定投标文件时，规划项目技术方案和实施方案，以投标预测的投资回报价值目标为基础，同步制定切实可行的工程投资、建设和运维方案。在投标阶段制定技术方案和商务方案时，与价值实现方案相结合，确保产生"可执行的价值计划"，实现第二次"握手"。

3）价值节奏"握手"。在工程前期，编制项目实施策略和实施主计

第 11 章 价值交付超越

划。以价值目标为参考，以可执行的价值计划为输入，制订项目交付计划和价值实现计划，将项目主计划和价值实现计划相结合，实现第三次"握手"。

4）价值兑现"握手"。在工程建设和投运阶段，以第一次"握手"的价值目标、第二次"握手"的价值实现方案、第三次"握手"的价值计划为输入，形成项目目标、技术方案、项目主计划，通过沟通、协调、监督执行等多种项目管理方法，确保项目如期投运。项目实施过程中，对项目价值目标实现情况进行持续跟踪，及时调整偏差，确保价值目标实现。价值目标实现后，采用多种方式将成果展示给关键利益相关方，实现第四次"握手"。

通过对价值交付系统的四次"握手"，形成了价值实现的有力保障，价值交付通过明确目标规划价值实现方案。在保证项目战略价值的前提下，将价值目标进行分解和量化，运用信息系统进行成本控制和质量管控，实现项目价值交付。

（2）项目价值交付决策机制。价值交付决策机制是在项目交付系统模型的基础上，以项目阶段为主线，以对价值交付进行监控和管理为目的，设定项目价值决策点，并建立价值决策机制，确保项目价值实现。项目价值交付决策机制如图 11-3 所示。

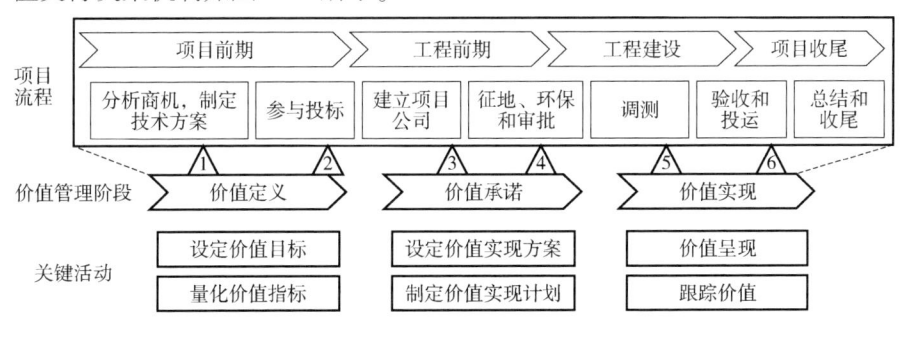

图 11-3 项目价值交付决策机制

在项目的价值决策过程中，项目前期建立基准（Baseline），工程前期编制商业计划（Business Plan），基准和商业计划由股东会进行审批决策。

在构建项目价值交付决策机制时，需定义决策原则（Policy）。该原则是项目公司在项目实施过程中的"大法"或"纲领"，即价值目标决策需综合考虑的因素，主要有以下 7 个方面：

1）边界条件。

2）经济及社会环境假设。

3）各种参数预测试或符合范围。

4）风险点。

5）价格指数。

6）贷款政策条件及融资结构。

7）市场分析（大宗原材料的价格影响等）。

价值交付贯穿项目全生命周期，从洞察市场商机到编制技术方案、组织投标、工程建设和调测、投产运营等各个阶段，持续定义项目价值，编制项目价值计划，并获得价值管理团队有力承诺，最终实现项目价值的全面达成。

11.2　价值交付超越实践

11.2.1　战略价值

美丽山二期项目是国家电网在巴西投资、建设和运营的一项重大能源合作项目，也是中巴两国在电力能源领域互利共赢的典范。该项目不仅推动了巴西电力工业迈入特高压时代，还推动了中国特高压直流输电技术、高端设备、运维规程标准等在巴西战略落地。这一战略的落地，不仅解决了巴西清洁能源长距离输送的问题，也为中国高端设备和技术标准走向世界提供了可复制的模式，彰显了中国在全球能源治理中的影响力。

1. 技术上的战略贡献

美丽山二期项目是巴西迄今为止规模最大的输电工程，也是巴西电网实现南北互联互通的主通道。该项目采用±800kV特高压直流输电技术，实现了巴西北部亚马孙河流域丰富水电资源与东南部负荷中心之间的连接。这一技术的引入和应用，不仅解决了巴西长期以来能源分布与负荷中心分离的难题，还有力支撑和服务了巴西的经济社会发展。

美丽山二期项目在技术层面实现了多项创新和突破。其中，采用±800kV单12脉动阀组，相较于国内单级双12脉动技术，大幅提高了换流阀单阀的电压等级。这一提升对换流变压器阀侧耐压水平、阀内晶闸管的电压均衡提出了更严苛的要求。正是凭借这一创新技术，项目实现了输电效率的提高、输电损耗的降低，为巴西的清洁能源转型做出了重要贡献。

美丽山二期项目的另一项标志性创新是在全球范围内首次成功开发并投运了用于协调控制美丽山一期项目、美丽山二期项目双回直流运行的协调控制系统。该系统所控制的装机和输电系统容量占巴西全电网负荷的比例超过10%，可以实现美丽山一期项目、美丽山二期项目直流与相关交流电网故障情况下的功率转移、调增或调减发电厂出力等功能，从而最大限度保障电网功率的平衡和安全稳定运行。

美丽山二期项目的顺利实施，使巴西成为美洲第一个掌握特高压直流输电技术的国家。这一技术的引入和应用，不仅提升了巴西电力工业的技术水平，还推动了巴西电力工业的结构优化和转型升级。项目的建成投运，显著提高了巴西清洁能源配置水平和经济社会发展能力。

2. 设备上的战略贡献

美丽山二期项目在高端设备方面成功实现了电力装备的"走出去"，带动了国产高端电力装备在巴西市场的应用，提升了中国企业的国际竞争力和影响力。

美丽山二期项目建设过程中，大量采用了中国产高端电力装备，其中包括换流变压器、换流阀、直流控保装置等。这些电力装备的应用，不仅提升了该项目的整体技术水平，还促进了中国电力装备在国际市场的推广和应用。

美丽山二期项目的实施，还推动了我国电力装备产业链的协同发展。在该项目的建设过程中，国内多家电力设备制造商积极参与，共同攻克技术难题，提升了我国电力装备的整体水平。同时，该项目的成功实施也为国内电力设备制造商提供了宝贵的海外市场经验，为其进一步拓展国际市场奠定了坚实基础。

在美丽山二期项目建设期间，大部分设备/材料和施工服务采购来自巴西，直接带动了当地电力装备和原材料等上下游产业的发展。该项目为巴西增加了约 1.6 万个就业岗位，贡献税费约 22 亿雷亚尔，为巴西经济的发展做出了积极贡献。

3. 管理上的战略贡献

美丽山二期项目在管理方面取得了显著成就，涵盖项目管理工具和方法拓展、知识领域创新，以及本地化员工融合和人才培养等方面。

在传统项目管理的基础上，项目团队创新性提出国际特许经营权项目管理的方法论，其中包括工具、方法和知识领域。这一创新方法论为国家电网成为国际一流能源互联网公司的战略目标构建了先进的项目管理体系。

在与本地化员工融合方面，美丽山二期项目探索出"3i"（价值认同、文化融合和管理创新）管理模式，不仅提升了项目的运营效率，还增强了项目团队与当地社会的融合和互动，并为国家电网开辟国际市场培养了一批拥有国际特许经营权项目管理经验的战略人才。

11.2.2 社会价值

美丽山二期项目与美丽山一期项目相互配合，形成良好的协同效应，显著增强了巴西国家骨干电网架构，有效提高了巴西电力系统的可靠性、安全性、稳定性，为巴西社会经济发展提供了坚强的能源保障。

美丽山二期项目的社会价值主要体现在以下 4 个方面。

1. 能源供应与清洁能源转型

作为巴西美丽山水电站的送出工程，美丽山二期项目有效解决了巴西北部清洁水电长距离外送和东南部消纳的难题。通过特高压直流输电技术，将巴西北部的清洁水电资源直接输送到东南部的负荷中心，满足了圣保罗、里约热内卢等核心地区超过 2200 万人的用电需求。

该项目通过输送清洁水电，减少了巴西对化石能源的依赖，有力推动了巴西能源的清洁低碳转型，为巴西实现能源安全稳定供应贡献了"中国方案"。

2. 带动经济社会发展

美丽山二期项目为当地提供了大量就业岗位，有力带动了巴西的经济社会发展。

巴控公司通过该项目实现了中国特高压先进输电技术"投资、建设、运营"和"技术、标准、装备"两个一体化全产业链、全价值链协同"走出去",带动了换流变压器、换流阀、直流控保装置等国产高端电力装备进入巴西市场,实现了我国特高压直流设备的国际化市场应用。

3. 环境保护与可持续发展

在美丽山二期项目施工过程中,项目公司十分注重生态保护,通过优化线路设计、调整线路长度、增加塔材使用等措施,将施工对环境的影响降到最低。该项目荣获"2019年巴西社会环境管理最佳实践奖",成为在尊重环保、合法经营方面的典范。

项目公司将"绿水青山就是金山银山"的理念和可持续发展经验带到巴西,将美丽山二期项目打造成推动"一带一路"绿色发展实践的国际项目典范。

4. 国际合作与品牌形象

美丽山二期项目的高质量建设运行,充分印证了中国特高压直流输电技术的安全性、稳定性和可靠性,展现了中国企业的良好国际品牌形象,提升了中国企业的国际竞争力与影响力。

该项目作为金砖国家绿色低碳合作的重要组成部分,为推动实现联合国2030年可持续发展目标、构建人类命运共同体、建设清洁美丽世界贡献了"金砖"力量,是国际合作的典范。

11.2.3 项目价值

巴控公司通过竞标获得了美丽山二期项目30年的特许经营权,期间每年获取9.88亿雷亚尔的公司运营收入和投资回报。项目动态总投资节省

12.5亿元人民币，投资回报率超过预期回报率的6%，实现了项目的经济效益目标，项目在经济上具有较强的盈利能力。

项目通过大量输送清洁水电，显著减少了碳排放。美丽山一期项目、美丽山二期项目累计输送清洁水电1780亿kWh，相当于节约标准煤6400万t、减排二氧化碳1.7亿t。这不仅是巴西积极应对气候变化挑战的体现，还提升了项目的环保效益和经济效益。

美丽山二期项目带动近50亿元人民币的国产电力装备出口，推动国内优势电工装备企业到巴西设厂，有助于提升中国电力设备制造业的国际竞争力，促进产业升级和经济发展。

另外，美丽山二期项目荣获"2019年全国电力行业优秀设计一等奖""2019年巴西社会环境管理最佳实践奖""2020年国际项目管理协会年度大奖""2020年第六届中国工业大奖"等多个奖项。

11.2.4 利益相关方价值

项目因人而做，由人而做。美丽山二期项目因巴西政府、电监局、电力调度中心，以及巴西国民等利益相关方的需求而发起，由国家电网下属的巴控公司作为项目的中标方，联合各承包商和供应商等众多利益相关方共同投资、建设和运营。项目提前100天投运，为各利益相关方创造了价值，具体表现为以下4个方面。

1. 中方利益相关方价值

中方利益相关方主要包括中国政府、国家电网、国网国际公司、经研院、电科院、巴控公司等。

美丽山二期项目给中方利益相关方带来的价值如下：

（1）中国政府。项目的成功实施贡献了中国在特高压输电领域的全球标准，展示了中国在该领域的领先地位，增强了话语权，巩固了中巴战略伙伴关系，为拓展中国与其他新兴市场国家的合作奠定了基础，成为"一带一路"项目典范。

（2）国家电网。美丽山二期项目是中国特高压直流输电技术首次在海外大规模应用的标志性工程，提升了国家电网在全球能源领域的知名度和品牌影响力。

（3）国网国际公司。国网国际公司通过美丽山二期项目与巴西政府、企业等利益相关方的深入合作，积累了宝贵的国际合作经验，为后续参与更多国际项目提供了有力支持，并增强了公司在国际市场的竞争力。

（4）经研院。特高压直流输电技术方面的研究成果在美丽山二期项目中得到了广泛应用，验证了技术的先进性和可靠性。项目实施过程中遇到的技术挑战，促进了经研院在特高压直流输电技术领域的持续创新和研发。

（5）电科院。通过项目的实施，积累了国际工程输变电系统集成及调试经验，推动了中国特高压直流输电技术标准在国际上的认可和应用，提升了中国电力装备行业的国际竞争力。

（6）巴控公司。作为巴控公司首个独立投资的"绿地"项目，美丽山二期项目在实施过程中积累了丰富的本地化运营和管理经验，提升了公司在巴西市场的竞争力。项目的落地为巴控公司赢得了良好的口碑和信誉，提升了巴控公司在巴西电力市场的地位和影响力。

2. 巴西方利益相关方价值

巴西方利益相关方包括巴西联邦和州政府、环保署、电监局、电力调度中心、巴西金融机构、巴西供应商、本地劳工、项目公司本地

第 11 章　价值交付超越

员工，以及巴西国民等。美丽山二期项目为巴西方利益相关方创造的价值如下：

（1）巴西联邦和州政府。该项目被列为巴西国家级重大工程，为巴西清洁能源转型做出了重要贡献。它成功解决了巴西北部清洁水电的外送和消纳难题，推动了巴西的经济社会发展。

（2）环保署。该项目严格遵守巴西的环保法规开展与运营，是巴西近10年来首个零环保处罚的大型电力工程。在项目规划和实施阶段，项目公司对线路沿途进行了多次优化设计，最大限度地减少了项目对环境的影响。

（3）电监局。该项目的建成提高了巴西电力系统的灵活性和可靠性，降低了限电或能源供应中断的风险，满足了圣保罗、里约热内卢等核心地区的用电需求，降低了长距离输送电力的损耗，保障了电力供应的稳定。

（4）电力调度中心。该项目采用先进的协调控制系统，实现了与美丽山一期项目的良好协同，提高了电网的功率平衡能力，确保电网安全稳定。同时，增强了电力调度中心对电网的监控和管理能力。

（5）巴西金融机构。该项目为巴西金融机构提供了新的投资机会，促进了金融行业的发展。金融机构通过融资等方式参与项目，获得了稳定的收益和回报。

（6）巴西供应商。该项目建设期间，大量采购了巴西当地的设备/材料和施工服务。这一举措直接带动了巴西电力装备和原材料等上下游产业的发展，为巴西供应商提供了更多的商业机会和就业岗位。

（7）本地劳工。该项目为巴西当地创造了约1.6万个就业岗位，提高了当地的就业率。通过参与项目建设，当地劳工获得了丰富的技能培训和职业发展机会。

(8) 项目公司当地员工。该项目为当地员工搭建了广阔的就业和职业发展平台。通过参与项目运营和管理，当地员工获得了更多经验和知识，提升了个人能力和职业素养。

(9) 巴西国民。项目提高了巴西的清洁能源配置水平，为巴西国民提供了更加经济、清洁、稳定的电力。通过参与项目的社会公益活动，巴西国民获得了更多社会福利和公共服务。例如，项目向亚马孙地区沿线居民捐献防治疟疾专用物资，帮助贫困居民建设现代化养鸡场和果汁厂等。

3. 合作伙伴价值

项目的合作伙伴主要包括项目 EPC 总承包商、巴西以外的设备供应商等。项目公司始终高度重视项目生态、重视社会责任、重视合作双赢、重视可持续发展。坚信"独行者速、众行者远"，在合作伙伴价值交付方面，积极赋能合作伙伴，共同致力于构建和谐健康的特许经营产业生态，提升综合竞争力。具体从以下三个方面为合作伙伴创造价值：一是提升伙伴品牌价值，拓展伙伴业务；二是帮助合作伙伴提升工程建设和交付能力；三是帮助赋能和改善合作伙伴管理和服务能力。

4. 团队价值

"项目成功我成才"，项目团队是项目成功的基石。通过美丽山二期项目的技术方案推介和比选、参与可研编制、特许经营权竞标、项目建设和运维等工作，打造出一支特别能吃苦、特别能战斗、特别能团结、特别能奉献的项目管理铁军。在项目建设过程中，项目公司为团队成员提供成长和发展通道。部分团队成员在回国后，成长为国家电网公司或下属公司的管理者，为国家电力事业发展创造一个又一个佳绩，这充分彰显了美丽山二期项目团队的价值。此外，当地员工也以参与美丽山二期项目建设管理为荣，这段经历成为其职业生涯中的光鲜亮点。项目的技术运维团队也凭借此项目成为巴西同行业中特高压直流输电技术的引领者，或成为行业的高级管理者。

11.2.5 标准与规则价值

1. 标准带来的价值

美丽山二期项目在标准领域也取得了显著成就，中国标准被吸纳为国际特高压直流输电标准，推动了国际电力标准的更新和完善。巴西劳工部认证了中方研发的特高压带电作业屏蔽服，监管机构认可了中方特高压输变电设备运维规程等，这标志着我国标准在巴西及国际电力行业的发展中发挥了重要作用，掌握了标准执行应用的主导权，为国际电力行业的标准化、规范化和现代化发展做出了积极贡献。

2. 规则带来的价值

巴西输电特许经营权的年度监管收入基数在投标前就已经确定，每个特许经营权竞标者均需通过详细的财务模型测算，报出基础年份的年度监管许可年收益。然而，能否稳定获取年度监管收益取决于运营商的每月的资产计划和非计划停运时间，每次停运都将面临处罚。因此，对于输电经营商收入影响最大的因素就是每月的资产停运处罚。为提高项目收益，巴控公司着重从以下三方面做好规则应对工作：

1）在编制项目商业计划时，巴控公司对项目的目标质量、总投资、建成后的运行维护成本、建成后可能的各种计划和非计划的停运时间，以及相应可实际获得的年度收入等进行仔细测算，寻求最优的平衡组合，以获得理想的投资回报。

2）加强输变电工程运维管理，不断提升运维管理能力，及时排除各种停电风险，提高工程的可靠性。同时，加强应急管理能力建设，减少非计划停电，提高发生非计划停电时的恢复供电能力。

3）对于每次非计划停电，巴控公司积极与国家电力调度中心沟通，分析停电的具体原因和实际失效的资产范围，以此尽量缩小处罚的资产范围和降低罚款的倍数。

巴西电力监管局最初在对项目的监管规定中，简单套用交流输电工程的考核指标和资产停运处罚扣减加权倍数作为运行质量考核的指标和相应的资产停运处罚扣减倍数，未充分考虑直流工程的特点。

直流输电系统与交流输电系统，尤其是站内设备的差异和运维停运设备范围的差异较大。例如，直流线路的计划检修停电必须全线停运，与交流线路可以逐段停运检修的方式不同，若套用交流线路的计划停电扣减倍数和失效资产的年度监管收入对直流线路进行考核，直流项目工程的收益将严重受损。

为此，巴控公司协调国内直流专家，与巴西电力监管局、巴西国家电力调度中心、巴西输电协会等监管部门和研究部门开展反复沟通和深入技术交流，介绍中国成熟的直流特高压运营经验和实际运行数据，建议巴西电力行业协会专家和监管部门针对特高压直流输电项目设定不同的运行考核指标和资产停运处罚扣减倍数。

巴控公司提出多种方案和合理化建议，最终促使巴西电力监管局借鉴中国特高压输电领域成熟运行指标，优化了原有的指标，使其适合特高压直流输电项目的特点。经过研究和听证程序，巴西电力监管局发布了直流输电工程新的运行考核规则。新的考核规则，在常规情景下，停运处罚扣减率降低了近50%，进一步保障了项目收益。交直流输电线路监管指标和资产停运处罚扣减办法比较见表11-2。

表 11-2 交直流输电线路监管指标和资产停运处罚扣减办法比较

序号	项目	交流规则 REN729/2016	直流规则 REN853/2019
1	功能单元 FT 划分	8 个 FT，包括 4 个换流站 FT、2 个输电线路 FT、2 个通用 FT	5 个 FT，包括 1 个换流站 FT、2 个输电线路 FT、2 个通用 FT
2	资产停运处罚计算公式	$PVI = \dfrac{PB}{24 \times 60D} \times \left(K_{p'} \sum\limits_{i=1}^{NP} DVDP_i + \sum\limits_{j=1}^{NO} (K_{oj} PAOD_j) \right)$	换流站 PVC $PVC = \dfrac{PB}{24 \times 60D} \times \sum\limits_{i=1}^{NI} \left\| \sum\limits_{j=1}^{N} d_{ij} \times \left(0.025 + K_{ij} \times \dfrac{P_{ij}}{P_{\min}} \right) \right\|$
3	计划停运系数 K_p	$K_p = 10$，超过申请计划停运时间 K_p 增加 50%	换流站 $K_p = 5$；输电线路 $K_p = 10$。超过申请计划停运时间 K_p 增加 50%
4	紧急停运系数 K_u	$K_u = 50$，300min 后降至 K_p	$K_u = 25$，300min 后降至 K_p
5	其他停运系数 K_o	$K_o = 150$，300min 后降至 K_p	换流站 $K_o = 75$；输电线路 $K_u = 50$，300min 后降至 K_p
6	最低维护 RMM 项目	REN669	REN669+高压直流项目
7	最低维护 RMM 项目时的资产停运处罚减免	每 3 年变压器 20h、每 6 年输电线路 20h	每个日历年，80 个等效小时优先维护期内停运，免资产停运处罚，若再增加 40 个等效小时，则 $K_p = 1$
8	其他停运免资产停运处罚	不适用	在最近连续 12 月内（滚动），非计划停运时间 20 个等效小时内，可免除资产停运处罚
9	投运后宽限期	6 个月	12 个月

11.3 价值交付超越小结

美丽山二期项目建立了完善的交付管理系统，实现了从关注质量到关注满意度再到关注价值交付的超越。价值交付超越主要包括战略价值、社会价值、项目价值、利益相关方价值、标准和规则价值、管理价值等方面的超越。

1. 战略价值超越

在战略价值交付层面，美丽山二期项目在技术上、设备上和管理上均体现出重大突破，从传统项目与组织战略保持一致性的要求，到直接为组织创造战略价值的超越。

2. 社会价值超越

传统项目管理的社会价值主要体现在社会责任方面。而在本项目中，社会价值在深度和广度上均实现较大超越，尤其是在环境保护和民生改善方面。例如，通过优化线路路径避开了自然和历史保护区，通过加大塔高和塔距减少了雨林砍伐。在民生改善方面，巴控公司在项目沿线资助当地居民建设现代化果汁厂、牛奶厂、养鸡场等产业项目，积极参与当地公益事业和体育文化产业交流合作及历史文化遗产保护等一系列品牌公益项目，积极服务当地民生改善，促进了中巴民心相通。

3. 项目价值超越

本项目投运后，不仅投资回报率比原商业计划提高了6%，还顺利通过了高温、大风、雷雨等恶劣天气和满负荷工况运行的考验，创造了"安全零事故，质量零缺陷，环保零处罚"的佳绩。

4. 利益相关方价值超越

传统项目管理侧重于争取利益相关方参与，提高其满意度以保障项目顺利推进。本项目从提升利益相关方品牌、发展利益相关方伙伴业务、为利益相关方赋能等方面，大幅超越了利益相关方预期。

5. 标准和规则价值超越

传统项目管理对标准和规则的影响主要局限于组织内部的完善，而本项目将中国特高压直流输电标准直接纳入为国际标准，同时将对高压直流项目实施的运维处罚规则提出了修改建议，得到了巴西监管机构的采纳，为项目争取了更有利的运营条件，降低了运维处罚，增加了项目的经济效益，具有深远的国际影响力。

6. 管理价值超越

传统项目价值交付管理主要基于纵向维度，从组织战略、项目组合、项目集、单项目到运营层面构建项目价值交付系统。本项目结合国际特许经营权项目的特征，在传统项目纵向价值交付系统的基础上，增加了以项目全生命周期为主线的价值定义、价值承诺、价值实现、价值决策的全过程横向价值交付系统，形成了二维项目价值交付系统模型。

后　记

美丽山二期项目不仅是中国特高压直流输电技术"走出去"的成功典范，更是中国企业全球化战略进程中的重要里程碑。该项目通过十大项目管理超越，展示了中国企业在复杂国际环境下具备的卓越项目管理能力和勇于创新的精神。它不仅实现了技术、设备和管理的全面"走出去"，还为"一带一路"倡议的实施积累了宝贵的实践经验。该项目的成功，不仅提升了国家电网的国际竞争力，也为中国企业在海外市场的可持续发展树立了标杆，具有深远的战略意义和广泛的示范效应。

美丽山二期项目的十大项目管理超越，是中国企业在全球化背景下，针对国际特许经营权项目展现出的创新思维和卓越执行力。

1. 战略举措

（1）战略超越。在战略超越方面，从国家电网在国际上推广中国特高压技术应用"三步走"战略到巴西美丽山二期项目通过三次迭代，逐步实现了从收购"熟地"项目到合资完成"绿地"项目，再到独立竞标"绿地"项目的"三步走"战略实施。同时，达成了"国家战略、国网公司、巴控公司、项目公司"四层战略的高度一致性。最终将中国特高压直流输电技术成功落地巴西，形成了"全产业链、全价值链"的协同输出格局。这种层层递进的战略推进模式，为后续中国企业开展海外项目提供了可复制的范式。

（2）前置风险管理。在前置风险管理方面，项目团队展现出非凡的前瞻性和应对能力。预合同签订、财务支付前置、环保审批前置、融资方案前置等措施，从战略高度有效应对国际项目面临的政治、经济、法规和监管等诸多不确定性因素，为项目成功奠定了基础，做到"防患于未然""以不变应万变"。

（3）人才战略。在项目人才战略方面，实施本地化人才培养战略，项目"CEO""CXO"的共同指挥作战单元、项目核心团队与共享服务中心的人才培养超越了传统项目团队建设与管理的范畴。

战略超越为中国企业海外项目投资、建设和运营管理提供了新的思路。

2. 竞标策略超越

在竞标策略超越领域，项目团队通过对技术方案的前瞻性研究，以及在标准制定过程中掌握主导权，成功影响了巴西国家电力监管机构的决策，为项目赢得了技术优势和经济效益，超越了传统被动竞标的局面。预合同采购管理的创新应用超越了传统的招标管理流程，在投标前实现了预合同价格锁定、风险防范，通过捆绑投标形成利益共同体，并低价锁定大宗原材料期货价格，有效降低了原材料成本，提高了中标概率。

项目在竞标财务模型方面同样实现了超越。美丽山二期项目的估值假设、投资回报分析模型、相关影响因素对投资回报的敏感性分析模型，为项目竞标提供了重要决策数据和依据。同时，创新的竞标报价策略和高效的竞标组织职责划分，在竞标中提供了坚实的组织保障；明确的工作关系促使相关单位积极主动参与投标工作，实现了对价格和风险的双重管控，最终以精准的报价中标，展现了强大的市场竞争力。

竞标策略超越为国际工程项目制定投标策略提供了借鉴。

3. 组织与治理超越

组织与治理超越体现在多层次的组织结构和创新的治理模式上。国家电网通过设立离岸公司、投资公司和项目公司多层级架构，有效规避了风险，优化了税负。尤其是在巴控公司构建共享服务中心的模式，超越了传统单项目组织模式，为特许经营权项目的投资主体公司开展多项目管理、实现资源共享和服务共享，提供了最佳实践范例。

国际特许经营权项目公司采用 ATPE 组织阵型架构，设立了高管会、技术管理办公室、项目管理办公室、环保与征地管理办公室，其集体决策和有限授权机制有力地打破了西方的授权决策习惯，为国际项目在兼容中西方文化和团队管理方面提供了组织保障。

在项目治理方面，形成了以国家电网总部为领导核心、以国网国际公司及国家电网总部业务部门为协调单位、以海外投资公司为前方管理机构、以项目公司为执行组织的四层治理结构，明确定义各层治理的职责分工、规则、流程，以及现场监督、协调和管理模式。这种新型的治理结构，为项目决策提供了有效支持，超越了传统项目的两级治理和决策模式。

中巴双方高管各一人的"双签"机制的建立，更是超越了传统中方双人"双签"的惯例。在这种授权和共享治理机制下，既保证了决策的科学性和透明度，又提高了巴方管理人员的积极性，增强了他们的责任感，超越了传统项目治理中的决策、监督与指导方式，为其他海外项目的治理起到先行先试的示范作用。

4. 项目思维超越

在项目思维超越方面，项目团队从传统的项目交付思维提升到特许经营权项目的收益思维和价值思维，并进一步扩展到项目韧性管理、社会责

后记

任和可持续发展思维。传统的工程建设项目管理以"如期、如质、如预算"交付为目标,而在美丽山二期项目中,以价值实现为导向,以收益维护为过程,以韧性管理、社会责任和可持续发展为起点,通过实施环保措施、给予社区支持和推行绿色施工,不仅使项目赢得了当地社会的认可,还提升了项目的全生命周期价值,展现了中国企业在全球化背景下的责任担当。

在韧性管理中,易变性、不确定性、复杂性和模糊性管理思维超越了单一的不确定性风险管理思维。在韧性管理过程中的各种举措和实例,如应对罢工、恶劣气候、自然灾害、分包商破产等情况的实践经验,更是海外特许经营权项目增强韧性管理的宝贵财富。

美丽山二期项目在追求项目商业价值目标的同时,对当地社会、环境和利益相关方的责任更是责无旁贷。例如,在遵守法规、尊重人权、保护劳工权益、关注环境保护、历史遗址遗迹保护和抢救、重视当地民众健康安全和教育等方面,项目公司用实际行动彰显了中国企业的社会担当,也为其他海外项目诠释了社会责任的内涵。

在当今全球化的商业环境中,ESG [Environmental(环境)、Social(社会)和 Governance(公司治理)] 已经成为企业可持续发展的核心驱动力。随着利益相关方对企业责任的要求日益提高,将 ESG 理念融入项目管理实践已成为全球企业的共识。美丽山二期项目在绿色施工、动植物保护、森林复植、生态环境恢复、水土流失、节能减排、废弃物处理、资源再生利用等方面的实践,不仅是可持续发展思维的落地实施,还取得了良好的商业价值,促进了当地社区的发展,树立了国家的品牌形象。可持续发展思维与项目管理的融合方式,为项目管理者提供了实用的指导框架。

5. 多元文化管理超越

多元文化管理是国际工程项目取得成功的关键要素之一。跨文化团队成员在观念、价值观、行为习惯、沟通方式等方面存在多样性是必然现象。这种多样性既是从多视角解决问题、激发创新潜能的机会和优势，又是引发误解、冲突、障碍、阻碍、妨碍的威胁与挑战。

项目公司在多元文化管理方面实现了超越，通过系统性、持续性的跨文化管理，将文化多样性转化为创新力和竞争力。例如，在项目岗位配置上采用交错安排，中方人员担任 CTO 和 CFO，巴方人员担任副 CEO 和 CMO；若巴方人员担任部门正职，则中方人员担任副职，反之亦然。这种上下级相邻岗位中巴人员交错配置的方式，有效地促进了中巴员工的融合，迅速提高了双方的凝聚力。

在跨文化管理实践中，项目公司实施的"百日计划""3i"文化融合推动模式，以及"双签"授权机制，对促进中方团队和本地团队的文化、价值观、管理、工作习惯等快速融合，规范公司管理，提升国家电网品牌形象起到了极大作用。

项目公司还通过文化、体育、教育、医疗等公益活动，如赞助贫民窟孩子组建交响乐团、赞助里约四季长跑、改善社区教育环境、建立社区医院等，极大增强了当地员工对项目的认可度和自豪感。

多元文化建设的其他措施，如组织文化交流和语言培训、相互参加对方的节日庆祝活动、每月组织集体生日派对、打造和谐进取的项目文化、确立项目愿景和使命等，不仅吸引了来自不同国家（地区）和文化背景的优秀人才，还增进了团队成员之间的友谊和信任，促进了文化的深度融合，为项目的顺利实施营造了良好氛围。

项目公司在多元文化管理方面的超越，为其他项目提供了可借鉴的成熟跨文化管理解决方案。

6. 生命周期超越

由于项目的形成过程、工程建设管理体制、建设模式、监管侧重点不同，项目生命周期各阶段的工作内容也有所不同。美丽山二期项目在工作内容上超越了国内工程项目生命周期，具体情况见附表1。

附表1 美丽山二期项目超越国内工程项目生命周期表

项目	项目前期	工程前期	工程建设	总结评价
国内工程项目	主要是从项目可研到核准	开工前的建设准备工作、设计、施工策划、办理施工许可	工作内容基本类似	工作内容基本类似
美丽山二期项目	主要是从市场到竞标	除国内项目的前期工作，环评环保和征地工作的难度和复杂度增加		

项目的生命周期管理超越，主要体现在项目从前期到运营全过程的"前伸后延"。

（1）项目生命周期"前伸"管理方面。早期参与项目技术方案的推荐与比选，深入了解当地市场，分析当地监管要求和竞标规则，并参与科研编制，这些成功做法为其他公司在争取海外项目时把握商机、做好投标准备提供了良好的实践范例。

（2）项目生命周期"后延"管理方面。从项目运营、维护、停运处罚规则、特许经营权收益保障等方面出发，倒推项目投资建设方案的设计、规划和管理，从而有效地开展全生命周期的进度跟踪、成本管控和合规性管理。通过这种方式，将项目提前100天完成，为公司争取到了额外效益。这种"后延"的生命周期管理模式超越了传统交付完成即结束项目的生命周期管理模式，最终超越了预期的商业目标。

7. 知识领域超越

知识领域的超越体现在增加环保管理、征地管理和合规管理三个新的领域，拓展了项目管理的边界。传统项目管理知识体系标准，并未系统地按过程（输入、工具和技术、输出）对工程项目的环保、征地和合规管理加以体现。

在环保管理知识领域，通过制定环保管理过程标准，明确了环保管理过程的输入、工具和输出。在实践中，采用外包给熟悉当地环保要求机构的方式，并与当地监管机构建立联席会议机制，积极主动争取利益相关方的支持，充分融入国际组织的可持续发展理念，出色地完成了环保工作，达到了监管体系和许可申请的要求，同时探索出环保管理知识领域的相关理论。

在征地管理知识领域，充分考量当地法规政策、征地需求、社会影响、征地预算，采用访谈、会议、谈判、冲突解决等方法，最终形成征地报告。征地管理知识领域从流程、措施和方法等方面，为征地团队开展工作提供了指导框架，尤其是科学评估、委托外包、充分授权、司法托底、外部审计等策略，助力美丽山二期项目合法、高效地完成征地工作。征地管理知识领域还体现出项目征地管理更具专业性，能有效降低征地风险、提高征地效率、降低征地成本。

在合规管理知识领域，超越了传统项目管理知识体系仅在项目质量、风险管理知识领域体现合规性要求的局限。在美丽山二期项目的实践中，增设了合规性管理知识领域。该领域从识别项目需遵循的法律法规、行业监管要求、质量标准、社会责任、内控体系等合规性要求入手，对识别和收集到的合规性内容进行分类，评估不合规的影响程度，编制合规性管理计划，创建合规性跟踪表，进而争取利益相关方参与，共同满足项目合规性要求，从而减少了合规性处罚，保障了项目顺利开工与推进，维护了公司形象。

8. 项目管理工具超越

项目公司通过 MBS、FBS、SBS 等创新工具的应用，提升了项目管理的精细化和科学化水平。联席会议和共享价值激励机制的引入，增强了项目团队的协作效率和凝聚力。

WBS 作为项目管理的核心工具之一，对分解工作、活动、资源、成本、风险、组织起到了重要作用。美丽山二期项目在此基础上，进行超越性拓展，延伸到管理分解结构、财务分解结构和利益相关方分解结构。实践证明，MBS 可以为项目的管理工作提供结构化的识别、分配和跟踪，避免遗漏；FBS 从财务管理框架模型的角度，将影响项目利润的要素进行分解，便于开展全过程的敏感性分析，锁定项目投资回报目标；SBS 方分解结构超越了传统的积极/消极、内部/外部的横向分类方式，从纵向进行分解，为其他项目分层分级识别利益相关方提供了分解思路，为争取利益相关方支持和进行授权管理提供了结构化工具，由此提升利益相关方满意度，有效促使利益相关方为项目解决问题，支持并推动项目变更与组织变革。

联系会议机制作为有效的沟通协调方法，超越了传统项目的日报、周报、月报，以及日站会、周例会、月总结会等协调机制。一是从参与人的职位层面看，参与者为高层管理者；二是就需要解决和协调的内容而言，都是"急难险重"事项；三是联席会议召开地点选择上，采用轮值主持、轮流交换项目标段现场，并借助三维信息化支撑。这既让参建单位重视联席会，又能相互学习，分享经验教训，最终形成了"比学赶帮超"的团结奋进氛围。

共享价值激励机制是一种先进的合作理念，通过公平、透明的价值共创和共享机制促进多方协同工作，超越了传统项目管理中的激励理论和方法。项目公司与 10 个标段承包商补充约定，项目整体提前竣工投产带来的额外收益由项目公司与承包商平分，即把其中 50% 收益奖励给承包商。价值共享激励机制的实施，激发了所有承包商的积极性和互帮互助的热情，最终使项目提前 100 天投入运行。在海外项目中突破传统激励方式，有效增强了不同承包商之间的凝聚力，形成利益共同体，这种共创、共建、共享价值的激励机制为其他项目提供了范例。

9. 财务管控超越

财务管控超越分为两部分：一是第 3 章 3.2.3 节中涉及的财务模型，包括各种预测模型、分析模型、报价模型，从项目财务管理的视角出发，超越了传统项目单纯的成本管理模式；二是财务管控超越，从国际特许经营权项目的特征来看，通过在汇率管理、融资管理和价格波动管理方面的创新管理实践，超越了传统项目成本管理。

汇率管理超越从各阶段关注点（见附表 2），以及汇率管理应对措施来看，尤其是项目公司采取的"股债联动"策略，即股东注资用于美元采购，过桥债券解决早期资金缺口，这一举措，降低了 50% 以上汇差成本，取得了良好的事实效果，为今后国际特许经营权项目提供汇率管控的借鉴。

附表 2　汇率管理超越各阶段关注点

阶段	项目前期	工程前期	工程建设	项目投运
汇率管理关注点	1. 项目结算币种选择及不同币种的支付比例 2. 合同汇率的选择 3. 结算款支付时间	1. 分包和设备采购款的支付币种和比例 2. 项目总体收支计划	1. 施工组织安排 2. 外包和采购费用结算金额 3. 支付时间	特许经营权收入的货币结算

汇率管控应对措施：

1）加强对汇率走势的研究，可借鉴或购买专业金融研究机构的成果。

2）结合汇率走势合理选择结算款支付币种和比例。

3）选择固定汇率或浮动汇率折算，监测汇率预期走势。

4）制订可行的融资计划，主动筹划，争取同币支付。

5）利用金融工具避险，如远期结售汇、掉期、期权等。

美丽山二期项目的汇率主动管控超越了大部分项目被动接受的管理方式。

在融资方面，美丽山二期项目的"四精"（精细环境分析、精心过程策划、精细渠道比较、精准渠道选择）管理策略超越了传统项目所面临的复杂性和不确定性。在国际金融市场呈现寡头垄断格局、中资银行规模受限、汇率波动风险较大，以及项目所在国存在经济发展、政策性要求和高通胀的精细环境分析维度和方法方式，值得其他国际项目参考。在融资策划过程中，项目的整体筹资方式和还款方式、融资风险、现金流量和项目收益都在精心策划的方案中得到了充分考虑。渠道比较需要精细地分析各种融资渠道的优缺点，以确保融资顺利，并实现融资成本最小化，同时关注市场动态和政策变化，及时调整融资渠道策略。精确的渠道选择则需要综合考虑项目整体资金需求、政策环境、资金使用的长短期安排、融资时机等因素，最终多措并举精准选择合适的融资渠道。

美丽山二期项目灵活的融资管理策略，为其他国际项目有效降低财务风险、提升投资回报率、提供了极具价值的范例。

价格波动管理是针对长期项目采购和材料价格变动而进行的成本控制策略。美丽山二期项目通过设定合理的价格锁定和调整机制，明确约定了调整公式、调整周期和触发条件。这一机制既能确保项目获得所需的设备/材料，又能有效控制成本，避免市场价格波动带来的经济损失。与传统项目采购管理相比，其超越之处在于预合同价格锁定、事前约定价格调整机制、设定价格上限和下限，以及建立争议解决机制等方面。美丽山二期项目的导线采购成本相比原商业计划节省了数千万美元。

10. 价值交付超越

价值交付的超越，体现在项目实现了从以质量为核心，到以客户满意度为核心，再到以价值交付为核心的全面提升。

对项目价值交付也进行了分类，从商业价值、战略价值、组织能力价值，拓展到社会价值、利益相关方价值、标准和规则价值。

在价值交付超越方面，不仅构建了基于国际特许经营权项目的价值交付模型，超越了传统的项目价值交付系统，还从挖掘市场商机，到编制技术方案、组织竞标、开展工程建设、实现投产运营等环节，构建了项目价值决策模型，在理论上超越了传统的项目价值交付系统。

在美丽山二期项目中，超越传统的项目价值交付管理得以实践。在项目全生命周期持续定义项目价值，编制项目价值计划，获得价值管理承诺，最终实现项目价值。具体而言，圆满实现了战略价值中技术、设备、管理输出的战略目标；实现了社会价值层面的清洁能源转型、带动经济发展、推进可持续发展，以及树立品牌形象的目标；在项目价值方面超越了预期的商业价值；在利益相关方价值上，实现了中巴双方政府、投资人、合作伙伴、项目团队多赢的目标；在标准和规则价值领域，推动了国际电力标准的更新和完善，掌握了标准执行应用的主导权，提高了项目收益。

随着"一带一路"倡议的深入推进，中国企业在海外投资、建设、运营的项目将越来越多。然而，国际特许经营权项目的规模性、复杂性、多变性、不确定性也将持续攀升。即便国际项目管理组织对项目管理知识体系不断进行迭代完善，数字化和智能化技术在项目管理中的应用也不断成熟，中国企业在海外特许经营权项目的成功管理实践仍存在不足。尤其是国有体制下的项目管理工作者，在海外开展项目管理时，其思维、决策、习惯、行为、价值观、风险意识等方面仍在不断付出试错成本。本书希望通过借鉴美丽山二期项目的十大超越"知"与"行"，使读者有所感悟、顿悟和开悟，进而持续创新和超越传统项目管理思想，为中国企业在全球市场竞争中提供有力的项目管理支撑，推动全球能源和基础设施建设的可持续发展，在国际上贡献中国的项目管理智慧。

参考文献

[1] Project Management Institute. 项目管理知识体系指南（PMBOK® 指南）：第七版 [M]. 北京：电子工业出版社，2024.

[2] Project Management Institute. 过程组：实践指南 [M]. 北京：电子工业出版社，2024.

[3] 国家电网巴西控股公司. 巴西美丽山±800kV 特高压直流送出二期特许经营权项目管理实践 [M]. 北京：中国电力出版社，2021.

[4] 国家电网巴西控股公司. 巴西美丽山±800kV 特高压直流送出二期特许经营权项目环境保护与社会责任实践 [M]. 北京：中国电力出版社，2021.

[5] 哈罗德·科兹纳. 项目管理计划、进度和控制的系统方法（第13版）[M]. 杨爱华，王丽珍，译. 北京：电子工业出版社，2023.

[6] 周玉娴，张云. 美丽山之美——国家电网人在巴西 [M]. 北京：中国电力出版社，2020.

[7] 金晓剑，黄业华，王佩云. 跨越之路：中国海油工程建设 [M]. 北京：中国石化出版社，2013.

[8] 丁涛，王梅，张涛. 驱动力：数字化时代项目管理范式 [M]. 北京：机械工业出版社，2023.

[9] 安东尼奥·涅托-罗德里格斯. 哈佛商业评论项目管理手册：如何推动、领导和发起成功的项目 [M]. 傅永康，吴江，陈万茹，译. 北京：电子工业出版社，2022.